金相玉烈士의
抗日鬪爭
實記

선인

김상옥 열사를 기리며

새로운 이정표를 위한 또 한걸음을 내디디고 있습니다.

올해 뜻 깊은 김상옥 열사의 순국의 결정체인 '일 대천 시가전' 100주년을 맞이하여 김상옥 열사의 순국과 행적을 재조명하는 특별전시와 투쟁실기 복간출판을 하게 되어 만시지탄의 마음으로 작은 위안을 삼으며, 긴 여정의 첫 시간을 맺으려 합니다.

김상옥 열사 투쟁실기는 1948년 조소앙, 김구, 이시영, 신익희 등 독립운동가분들이 중심이 되어 해방조국에서 첫 번째 기념사업회를 발족하고 김상옥 열사의 행적을 기리기 위한 영화와 소설등 많은 일들을 해오셨습니다. 그러다가 불행하게도 6.25전쟁으로 인하여 조소앙 선생이 납북되어 그 명맥이 끊어졌지만 천만다행으로 후손과 후손의 끈끈한 인연으로 지금까지 이어져 오게 되었습니다.

김상옥 열사는 저희 집안과 적지 않은 인연을 지금까지 맺어오고 있습니다.

첫 번째 인연은 큰 조부인 조용하 애국지사와의 관계이며 그로 인하여 그 아우인 조소앙 선생과 각별한 인연이 3대에 걸쳐 계속되고 있습니다.

조소앙 선생께서는 대한민국 임시정부 상해시절, 김상옥 열사와 독립운동방안을 논의하였으며 거사 및 실행에 관한 일화는 유방집·김상옥전에 다음과 같이 쓰셨습니다.

"이렇게 길게 침거하면서 다시 어느 때를 기다리겠는가.
앉아서 탄식하기보다는 움직이며 때를 만드는 것이 낫겠다."
"사생과 존망은 이 한 번의 거사에 달려 있다.
만약 불행한 일이 생긴다면 다음세상에서 서로 만나자."
"나는 차라리 뜻을 깨끗하게 지키며 스스로 목숨을 끊을지언정 적의
포로가 되지 않겠다."

그리고 그 뜻을 장하게 여겨 한살임당 혁명사령부장 자격으로 조소앙 선생의 지침을 주면서 본국에 들어가 거사를 일으키도록 하였다고 전해져 오고 있습니다.

그분들이 살아생전에 출간되었던 투쟁실기는 국립중앙도서관에 기증한 한 권과 독립기념관에 소장된 두 권만 존재하고 있습니다.

조소앙의 기록물이 없었다면, 김상옥 열사의 공적 또한 시간 속에 묻혀 버렸을 것입니다. 절판되고 빛바랜 복사본을 털어내어 복간 작업을 위한 무더운 긴 여름날의 원고작업에 많은 어려움을 겪었습니다. 글을 읽고 쓰는 그 모든 시간 동안 김상옥 열사의 국난극복을 위한 애국심과 투쟁심이 생생하게 기억이 되어 '소중한 유산'이 역사 속에 깊이 뿌리내리도록 하기 위한 소중한 시간들이었습니다. 또한 선열들의 업적에 누가 되지 않게 마음을 가지런히 하며, 출간 마지막까지 소임을 다하였습니다.

투쟁실기 원본 책자는 활자인쇄 방식으로 출판이 되어서 자간과 행간 그리고 본문 전체의 개화기인 시대적인 문체로 이루어져, 다소 읽는 분의 입장에서는 어색할 수도 있습니다. 수정 오타도 적지 않게 보이기도 하지만 그대로 원문을 살려 편집을 하여 복간을 하게 되었음을 미리 알려두고자 합니다.

이는 조소앙이 그토록 아끼고 큰 뜻을 도모한 동지요, 벗을 기리는 마음을 담겨 있기에 본문을 훼손하지 않으려는 의미도 있습니다. 김상옥 열사 투쟁실기속 기록을 바탕으로 의로운 항일 투쟁의 행적이 후대에 표상이 되어 귀감으로 자리 잡고 있습니다.

끝으로 출간에 도움을 준 국가보훈부, 독립기념관, 출판사 등 관계자 여러분께 머리 숙여 감사드립니다. 김상옥 열사의 독립을 염원한 살신성인의 정신이 지금 시대를 살아가는 청년들에게 살아 움직이는 의미가 되기를 바라고, 기념 사업회는 그 뜻을 이어가는 데 중추적인 역할을 하기를 두 손 모아 기도합니다.

대한민국 105년 11월 이화재 아래서
조 인 래 근서

상웅 사렬옥상김

【김열사와같이 항일투쟁에 관계한 여러분】

영	시	리		앙	소	조		구		김		세	제	명
순	동	김		히	익	신		훈		한		구	완	조
교	설	정		근	봉	고		중	익	윤		원	래	김
기	운	리		수	하	신		순	대	서		기	석	최
규	창	리		수	혜	리		철	병	서		규	형	김

忠國愛族

英風凜烈

陳劭先 題

序文　趙素昂

입으로 「民族이니」 「國家이니」 하야 自稱愛國者然 領袖然 自私自護에 눈이

멀어 同志를 戕害하며 同族을 侮蔑하는 者도 잇더라。 손으로 憂時病俗의 글을 쓰

며 눈으로四書 五經을읽으되 妻子의安全과 一身의榮光을 爲하야는 喪權辱國도

거침없이 執行하고 亡國滅族도 惻없이 自請하는者도 잇더라。一個軍卒의아들로

一小學校도마치지못하고 飢寒이到骨한데 愛國心을길너 自己의사랑하는 新婚

妻와 父母와兄弟의 和平스럽고安全한 포군포군한 보금자리를 제손으로뒤집어

업고 火藥의熱誠을질고 불국덩이로侵入하야써 祖國의 莊嚴한存在를爲하며 民

族의卓越한權威를 찾어오기에밧바하는 金烈士 相玉先生도잇더라。 金先生은國

統을爲하야 獨立의正脈을爲하야 社會의均生을爲하야 人類의共榮을爲하야 大無

畏로不退轉을굴니는 豪傑이엿다。 金先生은 一勞働者엿다。 一個愛者엿다 一個將

1

軍이었다. 一個義俠士였다. 一個革命家였다. 一個信者였다. 또 一個英雄이였다.

韓國의 悲哀를 家庭에서 社會에서 外國에서 깊이 맛보고 눈물과 땀과에서 發育

되여 마침내 피바다 속에 自己를 葬事지내고 祖國勝利를 부르고 悲壯한 最後를 밟으

시다 나는 이말을쓸때에 金先生의 「素昂先生은自重하시오」 하든말에 다시놀나게

되다.

차 례

　　　　　　　　　　　　　　　　　　　　　　　頁

一　태극기달인쌍소나무 …………………………………… 一

二　김렬사의젊을때 ………………………………………… 六

三　김렬사의철공장 ………………………………………… 一二

四　일화배척과말총모자 …………………………………… 一四

五　기미년독립만세 ………………………………………… 一七

六　혁신단과혁신공보 ……………………………………… 二六

七　암살단조직 ……………………………………………… 三九

　　혁신공보수난 …………………………………………… 三九

　　대한독립군정서원김동순입국 ………………………… 四三

　　두동지의항쟁준비 ……………………………………… 四八

　　김렬사와장일진 ………………………………………… 五一

1

八　미국의원단래국을기회로 …… 五九

九　만반준비와무예단련 …… 六三

一〇　결사대와합작 …… 七五

一一　김렬사의작전 …… 七九

　　　예비검속 …… 八二

　　　한훈피검 …… 八九

　　　서대순과이운기의탈주 …… 九一

一二　김렬사의은신 …… 九三

一三　종묘앞사건 …… 九七

一四　상해로망명 …… 一〇四

一五　독서와련무 …… 一〇九

　　　첫번귀국 …… 一一七

　　　어머니의옥중항쟁 …… 一一九

2

一六 김렬사와 장규동의 상해생활과 장규동의 죽엄 …… 一二九

一七 둘재번귀국 …… 一三六

두가지의 울분 …… 一三六

귀환준비 …… 一四〇

일산역하차 …… 一四七

一八 서대순을 찾다 …… 一五三

一九 거사준비 …… 一六一

二〇 종로서에 폭탄을 던지다 …… 一六八

二一 삼판통의 쌍움 …… 一七三

쌍인눈에 길을 찾다 …… 一八七

二二 고봉근과 김렬사의 가족 …… 一八七

효제동쌍움 …… 二〇二

二三 동지이혜수방으로 …… 二〇二

3

전우진이 취조를 받다 …………………………… 二一五

접전세시간 …………………………………………… 二一九

깨끗한죽엄 …………………………………………… 二四四

二四 그후의소식 …………………………………… 二四四

김렬사가족들의석방 ……………………………… 二五三

김렬사동지들의후문 ……………………………… 二五四

김렬사의유가족 …………………………………… 二五四

추도문(이시영선생) ……………………………… 二五五

【 사진차례 】 김상옥렬사웅상 ………………… 二五七

김렬사와같이항일투쟁한여러분

김렬사투쟁당시와동아일보게재

김구선생과진소선선생의주신글씨

서문(조소앙선생)

4

一 태극기달인쌍소나무

기미년(己未年) 초봄 어느새벽이다. 서울거리는 아즉도 잠잠한데 남산(南山) 인왕산(仁旺山) 북악산(北岳山) 낙산(駱山)에는 아츰햇살에 불그레히 물들어가고 산허리에는 밍주폭갈은 안개가 고요히 걸려있었다.

그밑에 히미하게 윤곽만 나타내고있는 서울장안 이조 五백년동안 연면히 내려온 수도 서울의 그모습은 예나 이제나 그리 다름이 없다. 네모 진 장방형돌담안에 정연히 느러선 경복궁(景福宮)과 비원을 뒤담으로하고 창경원(昌慶苑)을 동편 별궁으로 삼고 남쪽을 향하야 느러선 창덕궁(昌德宮)과 남대문 동대문의 웃둑한 처마끝사이에 올망졸망 느러선 불근 남촌 육조(六曹)의 집웅들이 한결같이 안개에 쌓여 어슴부러 하게 보이는것은 마치 어느 전설(傳說)속의 산호궁(珊瑚宮)처럼 신비스 럽기도하고 또는 국토와 국권을 잃고 우수에 잠겨있는 이땅의 표정같기도

1

하였다.

거리는 아직도 잠든 고대로 아모 인기척도 없이 고요할뿐인데 동대문박영덕철물상(永德鐵物商) 김렬사(金烈士)네 대장간만은 벌서부터 일이 한창이였다. 〃뚝닥 뚝닥 〃 하고 힘차게 메 떠러지는 소리와 〃이엿 이엿 〃 하고 번화하게 웨치는 직공들의 구호소리는 이 대장간의 융성함을 추측하기에 충분하였다.

김렬사는 언제벌서 이러낫는지 집안을 모다 치우고 청량리로 뻗처진 넓은 행길에 서서 비질을 하고있었다. 안개뭉치가 엉키였다가 퍼젓다 하였다.

『여보게 후봉이 복동이 용택이 다들 좀 나와보게』
비질을 멈추고 한참동안 락산쪽을 처다보고있는 김렬사는 대장간을 향하야 큰소리로 서너차래나 웨쳤다. 김렬사의 부르는소리에 후봉이 복동이들 이십여명 일꾼이 일을 멈추고 용택이 길손이들은 메를 든채 『무엇입니까』 하고 김렬사가 서있는곧으로 가까히 거러왔다.

2

「저가저 쌍소나무우에 걸린것이 태극기가 아닌가?」

안개가 거치고 아침햇살이 퍼지기시작한 낙산 쌍소나무우에는 과연 커다

란 태극기가 달려있었다. 청홍(靑紅)으로 복관에 둥글게 그려진 태극와 네

구석에 그려진 팔괘가 하이얀 기폭으로 선명하게 보였다. 아츰 햇볕을 전폭

에 반어 펄넝펄넝 나붓거리것은 아름답기보다는 성스러워 보였다.

「야─ 그것참 거룩하다」

「몇년만에 보는 우리나라 태극기가 안인가 저 국기를 일년삼백육십오일동

꼬자놓고 실도록 보았으면 오즉이나 좋을가」

「그것참 쌍소나무우에 묘하게도 달엇네그려!」

직공들의 얼골에는 도라가신 어버이를 다시 뵌듯이 혹은 그리운 님을다

시 맛난듯이 기뿌고 반가운 표정이 떠도랐다.

「그런데 어떤사람이 달엇는지 몰라도 저 기때문에 또한번 소동이 이러

나지않을가」

『미친소리 말게 그깐놈들 쫓겨갈날도 머지안타고 그리데』

일꾼들의 기뻐하는 모양을 보고 김렬사는 빙그레 우섯다. 저 기를 보고 기뻐한 사람들은 비단 대장간 직공들 뿐만이아니라 장안사람들이 모다 같을 것이요 아니 전조선 우리 형제자매라면 모다 한마음 한뜻이리라 생각하니 김렬사는 더욱 기뻐젓다. 그도 그럴수밖에 실상은 낙산 쌍소나무우에 기를 단것은 김렬사 자신이었기때문이다.

정초마다 혹은 저이놈들의 제일(祭日)마다 왜기를 달지안는다고 짓궂게도 강제로 지랄을치고 태극기라면 모형으로 그려논 것이나 색여논것이나를 불문하고 기여코 찌저버리거나 깎어버리고 혹시나 어쩌다가 정말 태극기를 발각이나하면 큰소동을 이르켜 그당자는 물론이요 일가친족들까지도 모조리 혹형을 가하는지라 당시 뜻있는 사람이라면 누구나 왜놈의 기빨에 대한 증오심이 컷섯고 반대로 우리 태극기에대한 연모의정이 울연히 두터워젓든것이다. 하물며 왜놈의 불의 행동을 미워하기를 철천의 원수처럼하는

5

김렬사에게있어서라!

『올치 이놈들 두고보자 너이놈들을 구찮케 굴기위해서도 기회있을때마다 태극기를 달것이고 너이놈들이 동등취급 한다는 합방운운의 거짓정책의 껍질을 벗기기위해서라도 태극기를 달리라』고 김렬사는 루루히 맹서하였든것이다.

어제밤 자정이 지난후 김렬사는 미리 계획한대로 낙산성벽을 대담하게 타고가 기다란 대가지에 왜놈들 기보다도 휠신더큰 태극기를 쌍소나무우에 높이다라놓고 내려온것이다. 대장간직공들이 다 드러간후에도 김렬사는 오래도록 쌍소나무우의 태극기를 처다보고있었다.

二   김렬사의 젊을때

쌍소나무에 한번 태극기를 단후 김렬사는 각금 남산 혹은 인왕산에 태극기를다라 왜놈들의 간담을 서늘케하였다.

이로부터 김렬사의 독립운동투쟁은 점々 활발하고 여러방면으로 버러졌다.

그러나 이에앞서 김렬사는 어떠한 사람인가 그의어릴때와 젊을때의래력을 간약히 적어가며 그의성품을 살펴보기로하자. 김렬사는 단기四二二三년(庚寅) 시월五일 서울동대문안 어의동(於義洞)에서 영문포수(營門砲手) 김귀현(金貴鉉)의 둘재아들로 태어낫다. 가세가 넉々지못하야 헐벗고 굼주리며 자랏건만 그 천품은 본래 영특하고 몸은 단々하였다. 다섯 여섯살쯕에는 동리아해들을 몰아 〃 또따 또따 〃 나팔을 불며 병정노리 두목이되여 어의동 낙산 느리꼴 양사꼴등의 골목대장 노릇을 하였다. 일곱 여덟살이되여 학령(學齡)이 지낫건만 집이 워낙 구차하야 학교에는 가지못하고 그대신 체뿔을 뜨러니기 시작하였다. 그리다가 열네살 봄부터는 대장간으로 옴기여 말굽(馬蹄)을 만드는 어린직공이되여 그 수입의 일부로 가세를 도왔었다.

이때 김렬사는 어린마음에도 공부를 못하는것이 너무나 한이되여 하로는 독학을 하기로 결심하였다. 당시 동대문교회안에는 신군야학(信軍夜學)이있어 김렬사는 예수교를 믿는다는것보다도 공부를 하기위하야 열심히 교회를 단였다. 낮에는 대장간에서 풀무질을 하면서 틈틈이 책을 읽고 오후 대장간에서 나오면 야학시간에 대여가기가 밧벗었다. 그리든 신군야학이 사정에 의하야 중지되자 다시 공부할길이 없음을 깨닷고 여러가지곤난을 물니처가면서 동흥야학교（東興夜學校）를 단독으로설립하고 이학교에서 자기도 부즌런이 공부를 계속하였다. 김렬사가 열여섯 일곱살이되었을 때 제일 질겨하는 노리는 편쌈이였다. 선천적으로 타고난 그의 월등한 체력과 무관다운 호협의 기상은 청년의 혈기와함께 생사를 가리지않었다.

김렬사는 대장간에서 단련된 억센 팔은 다른사람들의 두 세곱을 당하고 그의 재빠른 다름질과 엄청난 뛰염질은 항상 동모들을 놀내게 하였고 또 싸워서 지는법이없는 굽피지않는 투지는 그로하여금 자연히 동리청년들의 괴수가되어 언제나 지휘자가 되였었다. 그리하야 편쌈이 버러지면 김렬사는 룩모방맹이를 휘두루며 선두에나서 단병접전이 버러지면 비호같이 달려들어

8

넷 다섯식 연거퍼 쓰러트리면 적은 여지없이 도망질치는 것이였다. 이같이 돌격하는 모습은 관우 장비에 비할바가 않이였다.

단기 四二四三년 (庚戌) 김렬사 나이 스물한살되든봄 시험삼아 경성영어학교(京城英語學校)에 입학시험을 보았는데 우수한 성적으로 합격이되었다. 합격이되고보니 제복과한데두른 지정모자를 쓰고싶은생각이 울연히 소사나어머니에게 억지승낙을받고 무리를하야가면서 아츰저녁 열심히학교에 드나드럿다.

9

그러나 학교에 드러간지 일년이 못되여 학비를 대줄사람도 없어 애초의 싹터오르든 히망도 한쪽의 허무한 무지개에 끄칠뿐 잠간 찬란하다가 사라지고 말었다.

그러나 그렇타고 김렬사는 실망치않었다. 용감하게 결단하고 주저없이 물러나온후는 그 전보다도 몇배의 힘을 기우려 대장간일에 힘썼고 또 영어공부에 힘썼다. 이때 김렬사가 특히 영어공부에 주력한것은 후일 미주에가 유학하고 도라와 우리의 구천의원수 왜구들을 모라낼 의사이었든것은 후에안 사실이었다.

그이듬해四二四五년(壬子) 나이 스물세살이되든해 김렬사는 곳곳에 남의 집 직공노릇만 하다가는 자활할길이 없음을 깨닷고 우선 가슴속 답々증을 씨서버리기 위하야 어디로인지 표랑(漂浪) 의길을 떠나고싶어 첫여름 오월 어느날 삼남지방을 향하야 떠낫다 김렬사의 떠난길은 한갓 방랑이나 유람은 아니었다.

그동안 매약행상(賣藥行商)이라도 하야 다행이 리익이 많으면 그를 멋기로 자활의 길을 강구하자는 십생의 길이기도 하였다. 그는 빗을엇어 시동은 여러종의 약을 가방에 넣어들고 충청 절라 경상 세도를 돌며 색다른 사투리와 풍속에 접촉하고 고적 명승같은곳도 되도록 많이 찾어보앗다. 이렇게하야 석달동안 행상을 마치고 추석(秋夕) 한가위를 지나서 서울에 도라왓는데 행상의 성적은 의외로 좋와 목돈 千여원이 떠러젓고 또 심신이다 새로워질듯 상쾌하야 용기백배 자활의 대책을 강구하였다. 그것이 즉 그전부터 계획하고 있든 철물상 자영이였다.

그러나 철물상을 자영함에는 여간한 돈이 드는것이 않이었다. 김렬사는 동생 춘원(春園)에게 일단 철물일을 맡기고 다시 수차례 매약행상을하야 얻은돈과 동생 춘원이 열성으로 철물상에 종사하야 번돈을 합쳐서 소원이든 철물상을 자영하기로 결심하였다.

이해 十월중순 동대문밖에는 二층집이 새로 세워지고 영덕철물점(永德鐵物店)이라는 간판이 붙엇는대 이것이 곧 김렬사가 경영하는 철물점이였다. 이철물점뒤에는 대장간이 붙어 말편자 소편자 대갈과 농구를 부즈런히 만들고 철물점에서는 그 제조품을 팔고 있엇다.

11

三 김렬사의 철공장

단기 四二五○년(丁巳) 나이 스물일곱살때 김렬사가 철물공장을 시작한지 오년간 그동안 영덕철물점은 크게 번창하야 고객은 서울 경기 일대는 물론이요 강원도 함경도 충청도에까지 뻐처 이집물건을 특약판매하는 상점이 많았다. 따라서 재산도 수만원대로 느러 근로인으로서 성공한 입지전속의 인물이되기에 부끄러움이 없을만치되었다. 김렬사의 공장경영은 자기가 직접 공장에나와 아침 일직부터 직공들과 행동을 같이하며 스스로 메를 들고 쇠를 뚜들기며 또는 풀무질을 하면서 같이 웃고 이야기하며 가족처럼 지냇고 각금 몰여앉거나 식사를 같이할때면 시사문제의 토의를 열심히 하였다. 이것이 김렬사의 철공장의 특생이었고 또 김렬사자신도 돈만을버는 상인이나 대장쟁이가 아니라는 확증이었다. 아니 도리어 그는 장차 큰일을 위한 동지의 육성계몽이 주안이었든것이다.

12

김렬사는 틈나는대로 동료직공들을 몰아 토론하기에 힘썼고 어린 문맹직동들에게는 야학다니기를 권유알선하야 주었다.

그리하야 자기 수하에있는 직공이 五十여명이 되였을때 김렬사는 차츰조직적 활동을 시작하야 공인조합 (工人組合) 이니 동업조합 (同業組合) 같은 조직체를 만드러 조국재건을 의론하고 새로운 설계와 방법을 구명하기에 힘썼다.

그중에는 백영사 (百英社) 같은 우수한 몰임이 있어 후에 미주에 유학생을 보내고 미주에서 사회개진당 (社會

開進黨) 을 창당하야 국제적인 무대에서 활동한일로 있었든것이다.

四 일화배척과말총모자

이때 단기 四二五〇년 전후하야 일본상품이 사태처럼 조선에 쏟아져 나왔었다. 김렬사의 비위에 제일 거슬린것의 하나가 이 왜인들의 상품이 시장에 퍼지고 상점에 진열되여가는 현상이였든것이다. 합방이라는 미명아래 국왕과 백성을 감쪽같이 속이여 식민지화 하여버리더니 이제는 제나라 상품을 푸러 식민지의 재산을 모조리 빠라드리라는 착취의 마수를 뻐치기 시작하였으니 그 의도를 알면알수록 가증스러웠다. 어리석은 백성들은 맥도 모르고 이 망국케하는 상품에 몰여드니 또한 민망하였다. 과자니 사탕이니 담배니하는 순진한 소모품은 물론이요 양말 비누 모자등의 일용품을 대량으로 시러드려 가난한 이땅백성들의 호주머니를 긁어가기 시작한것이다.

그중에도 우리손으로 전혀 만들줄 몰으고 또 왜인들이 진주한이래 강제로

상투를 깍기는바람에 쓰지않을래야 쓰지않을수없는 의관(衣冠) 그것은 모자

인데 그값이 비싸고 수요양이 많음은 실로 놀랄만하였다. 이에 착안한 김렬

사는 새로운 모자를 만들수없을가하고 스々로 모자만들기에 열중하는하편

자기공장의 五十여 직공들과 결의하야

一、 일본물품과 일본제 모자를 절대로 쓰지않을것

二、 일본말을 사용치말며 일화를 씀으로 인하야 생기는 해독을 널리 선

　　전할 것

등을 서약하고 일화배척을 솔선 실행케하였다.

그후 김렬사와 창의로 만드러낸것이 유명한 말총모자이다. 그말총모자라

는 것은 갓의 모형을 「씰크햇」처럼 만드러서 별의 문의를 놓은것으로 가엽

고 위생적이요 제조비용이 훨신 적게드러 여러가지로 편리하였다. 김렬사는

곧 모자공장을 철물점 이층에 설치하고 모자직공들을 모집하야 기술을 전수하

며 말총을 사드리는등 전력을 기우려 말총모자 대량생산에 힘썼다. 그리하

야 제조된 새모자는 선전도할겸 일화배척도할겸하야 시민들에게 실비로 제

공하였다. 당시 서울시민들은 말총모자가 가볍고 위생적이고 경제적인점을 대

환영하기도 하였지만

그보다도 국산품을 애용

한다는 애국지성의 팽창

한 조류에 따라 말총모자

를 쓰는것을 큰자랑으로

엮이였었다. 심지어는 애

국지사들의 한표식이기

도 하였다. 김렬사자신

은 흰말총모자를썼다. 동

대문근방에 흰말총모자

16

를 쓰고 하로에도 몇번식 분주히 거러가는 키작은신사 그는 자세히 볼것도없

이 김렬사였든것이다.

이외에도 김렬사는 양말공장을 내고 수건짠는 기게들을 설비하야 일화에

대항하야 좋은 국산품생산에 힘썼든것이다.

五 기미년독립만세

로서아와 쌓운 왜국이 이겼다는 승세로 광무구년에 군사을 끌고 드러와

서 인군을 협박하니 못생기고 간게한 신하들은 왜국에 굴복하야 소위 을사

보호조약（乙巳保護條約）을 매졌다 이 조약으로 왜놈들이 우리나라의 외교

권을 아서가고 또 통감（統監）과 리사관（理事官）을 보내여 우리나라의 정

치를 간섭하게 되였든것이다 이때 전후하야 왜놈들의 발자국이 나라에 퍼

지기 시작하였든것이다 이리되야 국세는 날로 기우러저가서 오년후인 팔

월에 이르러 왜놈의 장수 사내정의（寺內正毅）와 이완용과의 사이에 비밀

17

의론을 하고 이달 이십구일에 합병조약을 발표하니 이로부터 반만년동안 내려오든 거룩한 우리나라의 력사에 한 오점을 찍에되었다. 이로부터 왜놈들은 삼천리 방방곡곡에 꼬리를 펴고 그 독아를 버리게되니 왕은 왕대로 그늘 집 고궁담안에 유폐되었고 백성은 백성대로 쫓기어 남부녀대 만주로 서백리아로 유리걸식의 길을 떠낫고 뜻있는 사람들은 망국의한을 품고 조국재건의뜻을 세우며 고국을 떠나 상해로 하와이로 또는 미주로 로서아로 또는 세계각국으로 흘러가게되니 그동안 삼천만겨레의 가슴에 원한의 피는 매칠 대로 매쳤고 분노의 기둥은 폭발전야의 화산처럼 끄러올낫든것이다.

이때 (西紀一九一九年二月) 불란서 파리에서는 제일차대전의 혼난을 수습하고 새로운 세계질서를 꾸릴 국제련맹의 회의가 개최되었었다 여기에서 당시의 미국대통령 윌손은 새로운 세계평화의 원측으로서 민족자결 (民族自決) 의 기빨을 높이 들었으니 즉

「영구적 세계평화를 확립하기 위하여서는 세계 약소민족에게 자주권을 주

어야 할것이니 진정한 인류평화는 민족 자결주의로서 비로소 달성할수가 있을 것이다」 하는것이었다.

이야말로 전세계 방방꼭곡에 자유를 잃고 사슬에 묶인 노예가 되어 신음하고있는 약소민족에게 일대히보가 아닐수없었다. 그중에서도 유구 사천년의 력사를 가진 우리단일민족에 특히 큰 충동을 주니 해내 해외의 동포가 모조리 한뭉치가 되어 민족해방과 자주독립의 광명을 향하야 용약 매진하게 되였다.

『잃었든 강로와 형제를 되찾으며 잃었든 자유를 되찾기위하야 너도나도 기쁘게 한목숨을 바치리라』 하는 민족의 결의와 상상의 밀물이 거세게 일게되였으니 간악한 왜적의 방파제에 폭포수처럼 쓰다질 태세이였다.

때마침 일월하순 고종황제께서 억울하게 승하하시매 이를 알게된 경향의 백성들은 억울함과 슬품을 못이기여 서울궁성을 향하야 몰여들었다 국장은 삼월초하로날로 결정이 되였다 이때를 기하야 전세계에 호소하는것은 하늘이주신 절호한 기회를 포착하는것이라고 할것이다 그리하야 당시의 지도자 삼십삼인은 여러날을두고 협의하다가 마침내 전원일치로 삼월초하로날 정오를 기하야 전조선 일제히 독립을 선언하고 독립만세를 불너 우리의 요구를 전세계에 호소하기로 결의하였다.

한편 수도 서울에서는 종로 빠고다공원에 시내의 중등이상의 남녀전학생을 동원하고 이여서 가두「데모」로 옴기여 각국 영사관을 위시하야 충독부 보병대동을 방문하고

우리의 결의를 전하기로 되였었다.

드디어 삼월일일은 밝었다 맑게개인 하늘은 우리민족의 장래를 상징이나 하는것처럼 장쾌하였고 아직도 쌀쌀한 아츰바람은 장차 이러날 우렁찬 독립함성의 전조처럼 으스스하기도 하였다.

이날 김렬사는 예수교측 간부를 통하야 대략을 미리 짐작하였기때문에 아츰부터 공장을 닫아걸고 고무관을 구해다가 스스로 태극기 모형을 색여서 정성껏 찍어두었든 태극기를 직공들에게 분배하야 빠고다공원에 참가케하고 자기도 일직부터 깃대를 들고 시내를 한바퀴도라 시민들의 긴장한 분위기를 살핀다음 정각을 대여서 빠고다공원에 당도하였다.

공원에는 벌서 남녀학생과 일반시민이 메여질듯이 드러서서 발드려놀곳조차 없었다. 그들은 손마다 태극기를 들었으며 감격과 흥분에 넘처 하늘을 찌를듯한 기상으로 이따금 만세를 불넜다 김렬사도 군중에따라 여러차례 만세를 부르고 팔모정에 三十三요인들이 나오기를 기다렸다 그런데 웬일인

21

지 오래도록 아무 소식도 없다 한시반이 훨씬 지나서야 등단하야 전하기를 三十三요인은 동원에 못나 오게되고 그들은 이미 태화관에서 선언서(宣言書)를 읽었으며 총독과 종로시장에게 통지하였다고한다 이 의외의 소식을 전하자 모다들 이상하게 생각하였다 하야 신의가 없다거니 비겁하다거니 또는 무슨사정이 있나보다고 여러가지로 중얼거렸다 그러나 사태는 이미 급했다 이제 누구를 원망하거나 망서릴때가 아니었다 공원측에서는 공원측대로 진행할수밖에 없다고 현명한 군중은 직각하였다.

「그러면 지체할것없이 우리도 이몽임속에서 대표를 선정하야 독립선언서를 읽자」는 군중의 의도에따라 곧 대표를 선정하였는데 대표는 학생측으로부터 선정되었다 학생대표는 곧 팔모정 중앙단상에 올라가 독립선언서를 읽기시작하였다 감정을 억누르지못한 젊은 학생의 큰 목소리인지라 결코 침착하지는 못하였다 아니 도리어 반은 울고 반은 미친듯이 부르짓고 외친다고 형용함이 옳을것이였다.

『오등은 자에 오조선이 독립국임과 조선인의 자주민임을 선언하노라 자로써 세계만방에 고하야 인류평등의 대의를 극명하며 차로써 자손만대에 고하야 민족자존의 정권을 영유케하노라』 운々 하고 읽어내려가니 군중의 흥분은 절정에 달하였었다 김렬사는 눈시울이 뜨거워지며 쏘다저나오는 눈물을 어찌할도리가 없었다 선언서 랑독이 끈나자 모다 손에 들엇든 태극기를 높이들어 「조선독립만세」 「조선독립만세」 하고 지축이 흔들이도록 부르고 또불렀다 이어서 사회의 지기로서 가두데모로 옴겨 공원문앞으로 쏘다저 나올제 三十三요인을 체포하여가는 경찰 감부 자동차 행렬이 막 그앞을 지나 갓다 어느틈에 누가 발견햇는지 이 자동차가 곧 三十三인 요인을 실고가는 차임을 아러내고 차뒤를 쪼차가며 아우성치듯이 만세를 불럿다 차안에 있든 요인들도 또한 감격에넘처 차창을향하야 손을 높이들며 만세를 불럿다 이러고보니 전후좌우상하가 모조리 만세소리로 덮인듯하였다.

학생대들은 곧 미리게획한 푸란대로 여러대로 나누어 시내각처로 달여가

씩씩하게 기세를 울였다 즉 일대는 대한문앞에 이르러 고종황제 승하인산에 참가하려와 문앞에 엎드려 통곡하던 시골학구들과 합처서 만세를 부르고 일대는 경성우편국앞과 역앞에서 또 일대는 의주롱으로부터 불란서영사관을 거처 창덕궁앞에서 또 일대는 미국영사관앞에서 열광적으로 독립만세를 부르며 우리의 의사를 전하였고 나머지 또다른 대들은 총독부와 조선보병대앞에 뭉처 영문안으로 만세를 부르고 드러가랴다가 헌병들과 충돌하야 각각 부상자를 내었다.

김렬사는 빠고다공원앞에서 나와 경성우편국을지나 역을도라 대한문국영사관 서소문을 거처 총독부 창덕궁으로 분주히 돌며 학생들의 불붓는 뜻한 할동을 똑똑히 목격하였다 그리고 그들의 씩々한 모습에 여러차례 눈물이 소슴을 어쩔수없었다.

오후 다섯시이후 왜인순경과 왜헌병들이 일제체포를 시작하였을때 김렬사는 공장직공들 소식이 궁금하야 총총이 동대문편으로 거러왔다 막 성문밑에

24

당도하니 「이게웬일!」 왜인헌병한명이 만세를 불넛다는 녀학생하나를 추격하며 총끝에 꼿은 칼로 금시 찌르려는 판이였다 김렬사는 깜짝 놀라며 비호처럼 달여가 헌병의 뒤를 쪼첫다 헌병의 칼끝이 녀학생의 등에서 불과 한두뼘밧게 안나마 몰여있든 군중들은 「아스」하고 비명을 지르랴할즈음 김렬사는 헌병의 등마루를 잡아채며 「이놈아」하고 소리치는 동시에 총든손을 탁 처내렸다 헌병의 총은 떨걱 땅에 떠러져 굴넛다 어느사이에 김렬사는 헌병의손을 뒤로 비트러 낙궈채니 「아ー이다잇!」 하고 비명을 지르며 씨근거렸다.

　「이자식을 거저 죽여버릴가부다」 하고 김렬사는 손을 더욱 비틀면서 빠른발길로 등골을 차버리니 헌병은 여지없이 대여섯발 앞에나가 꺼꾸러젓다 그때까지 길가에서 손에땀을 쥐고 보고만있든 군중들이 이 번개같은 김렬사의 행동에 무어라 찬사를 드려야 옳을지몰나 감격하고 있을때 한편 군중들이 와ー몰여드러 「그놈의 자식을 죽여버려라」고 아우성첫다 엎어진 헌

25

병여석은 주위공기가 너머도 험악한지라 아픔을 헤아릴경황도없이 벌떡 일
어너 좌우를 돌볼시허도없이 떠러진 충칼을 주서가지고는 종로를 향하야 빵
손이를치고말엇다 이때 왜인순경이 온다고 고함치는 사람이있어 김렬사도
날새게 붕어우물게로 드리서바렸다.

이날밤 김렬사는 어느때보다도 명쾌하였다 하로동안겪은 일을 생각할때
모두가 상쾌뿐이라고 스스로 만족하였고 「이만하면 우리민족도 어느민족에
뒤지라」하고 은연히 자부하는 마음이 생겨 밤늦도록 쾌심의 미소를 끈치
지않었다.

六 혁신단과혁신공보

三월一일이후 김렬사는 두가지의 확고한 신념을 가지게되였다. 하나는 양
과같이 순하기만하야 복종이외에 반항이라고는 몰으든 우리민족이 한번 유
사시에는 철통같이 뭉치여 기쁘게 자기한몸을 바치는 거룩한 정신이 있다

는 것과 또하나는 젊은 청년들 특히 학생들의 피끌른조국애는 전세계에 자
랑할만하다는 것이엇다. 하야 앞으로의 우리민족 해방운동은 이들 학도들의
혁명적인 활동과 결탁함으로서만 이루어진다는것이었다.

이때부터 김렬사는 중학생들과 (교회에서 신앙을 통하야 알게된) 교분을
가지기에 힘썻고 또 그들과함께 학교 교회 또는 개인집에사사로 몰여서 우
국지정을 토론하는 것을 제일큰 기쁨으로 여기게되었다. 그중에는 후에 생
사를 같이할 동지 박로영 (朴露英＝中央高普卒業班) 윤익중 (尹益重＝中央高普
卒業班) 신화수 (申華秀＝佛敎學院卒業班) 정설교 (鄭高敎＝普成中學三年生) 등
이 있었다.

그리하야 三・一운동을 겪은지 한달후일 四月초 하로날밤 동대문장노교교회
웃집에서 살고있든 영국인과부 「피어슨」 여사의 집에서 혁신단 (革新團) 을
조직하기로되였다. 그동기는 그동안 몰일때마다 三・一운동의 지방소식을 듯
고 또는 보고하야 서로 기대하기도하고 근심하기도 하였섯는데 이날밤 모

중학생으로부터 수원삼괴면상수리사건(水原上需里事件) 왜인헌병들이 상의할 일이 있다고 그 지방의 천도교도(天道教道) 기독교도(基督教徒) 약 三백여명을 교회에 몰아 놓고 돌연 문을 거러잠근후 석유를 뿌리고 불을 노아 일대 분형지옥(焚刑地獄)을 연출하였는데 그중에 혹 창을 뛰어넘어오는 사람이 있으면 총을 겨누고 있다가 쏘와죽인 천인공노할 악독한사실을 보고하자 모다들 눈물을 흘리고 분한마음을 참치못하였었다. 이때 박로영(朴露英)의 동의로

『자― 여러분 우리도 거저있을것이 아니라 무슨 단체를 만들어 목숨을 걸고 싸워봄이 어떻소』

하는 제의가 있어 모다들 쌍수를 들어 찬성하고 그방법과 사업에 대하야는 다음 회합에서 각기 안을 제출하고 토의결정하기로 하였었다.

그다음회합은 연지동(蓮池洞) 십륙번지 리춘식집(李春植=당시 히문중학 재학생 정설교의 하숙집)에서였다. 이날 참석한 사람은 김상옥(金相玉) 박

28

로영（朴露英） 윤익중（尹益重） 신화수（申華秀） 정설교（鄭卨敎） 지주택（池疇

澤） 김화룡（金華龍） 서대순（徐大順） 전우진（全宇鎭） 의 아홉명이었는데 그

들은 아침부터 밤늦도록 여러가지로 토의한결과 단명은 혁신단（革新團） 으

로 하기로하고 사업은 직접 무기를 들고 싸우는것보다도 자기들이 가장하

기쉽고 또한 가장 큰효과를 나타낼수있는 신문을 발간하기로한것이었다.

즉 국내에서 하고있는 상해림시정부의 동향과 미주（美洲） 에있는 우리동포들의 상황을

활동하는 상해림시정부의 동향과 미주（美洲） 에있는 우리동포들의 상황을

세밀히 조사한다음 그당시의 왜정겸열하의 신문으로서는 할수없는 비밀을

세세히 보고비판하야 독립진취에 매진하는 우리민족에 한 봉화（烽火） 의

역활을 하자는것이었다. 그리고 그들의 담당부서든 대략 다음과같었다.

김상옥（金相玉） ― 단조직（團組織） 선전배달（宣傳配達）

박로영（朴露英） ― 편집취재（編輯取材） 론설책임（論說責任）

윤익중（尹益重） ― 재정조달（財政調達） 해외통신담당（海外通信擔當）

서대순(徐大順) 전우진(全宇鎭) 김화룡(金華龍) ― 인쇄배달(印刷及配達)

신화수(申華秀) 편즙취재일부(編輯取材一部)

이렇게하야 조직된 젊은 단원들의 정열은 실로 도도한바있어 그다음날부

터 곧 실천에 착수하야 등사판을 사드리고 조히를 사드리고 비밀인쇄장소를

만들며 한편으로는 해외비밀통신을 교섭하고 국내통신을 수집하야 준비에 착

수한지 일주일후인 十七일에는 당당히 혁신공보 제일호를 내게되었다.

그들의 업무진행은 물론 비밀리에 진행되는것이었다。 박로영이 국내기밀

을 수집하야 기사를 만드는동안에 윤익중은 안동서오는 통신(궤짝에 넣어

서 오는데 기밀통신은 흰노-트에 약품으로 썻기때문에 여기서 다시 약품을

발라 불에 쪼여서 본다) 을 정리복사하야 일단 원고작성이 끝나면 연락원 김

화룡(金華龍) 이 그원고를 가지고 밤중에 인쇄담당자인 서대순(徐大順=당

시 수하동보통학교에 근무) 을 불러내여 전한다。그러면 서대순은 다시 이

를 가지고 밤이 훨신 깊은후에 천장에 가설하야논 비밀인쇄장소에 올라가

등사관에 걸고 「로라」에 까만 잉크를 무처 한장식 두장식 밤새도록 박여 새벽 다섯시경까지에는 대략 천매정도를 박아내었다.

아침 다섯시만 정각이되면 배달대가 문앞에와서 기달리고 있다가 각기 담당부수를 가지고가는데 김렬사도 그중에 한사람이었다. 김렬사는 으레히 파란궤짝을 끌고 (채소장사로가장) 흰말총모자를 쓰고와서는 신문을 받어 채소밑에 감추고 『수고했오』 한마듸 서대순에게 인사하고는 황망히 궤짝을 끌고 청게천을따라 동대문편으로 가고 가고하였었다.

김렬사의 담당구역은 동대문밖 창신동 양사꼴 느리꼴 일대였다. 김렬사는 채소든 궤짝을 끌고 골목골목에 드러가 동지들의 대문틈으로 신문 한장식을 넣어주는데 시간이 좀 느젔을때에는 문을 등지고 뒤로 도라서 좌우를 삶이면서 한장식 넣어주었다. 신문대금은 물론 무료이었다.

이렇게하야 두달동안을 계속하는동안에 혁신공보의 지반은 확실하여저 시민들은 이를 못얻어 초조하였고 여기에 게재된 기사라면은 반듯이 황제가

31

되어 우국지정을 고무격려하는데 큰힘이 되었든것이다。 비록 등사판에 백에

진 비약한 신문이나마 그효과는 컷든것이다 그럼으로 당시의 왜인관헌으로

볼때는 실로 두려운것이요 또한 가증한것이었다。 더구나 자기네들를 식민지

정책의 가면을 거침없이 폭로하고 상해 림시정부요인들의 지령（指令） 및 투

쟁상황과 미주동포들의 활약을 알리는 혁명적 역활을 하는터이라 왜인관헌

들은 뱀색기처럼 밉지않을수는없었다。 그래서 은연중 많은 형사들을 동원하야

혁신공보의 소재를 혈안수색하였든것이다。

그러나 그부수가 극히 적엇고 또 서로믿는 친지들에게만 전하여짐으로 오

래동안 배달하는사람조차 알아내지못하드니 七월 하순부터 한형사의 끈나

풀에게 이신문이 드러가 그를통하야 十여차의 신문이 형사수중에 전달이되

었다。 그형사는 이것을 단서를하야 각방으로 조사하고 배달부부터 찾겠다고

조사하든중 八월상순 어느날 김렬사의 정체를 알게되었다。 그리하야 그날밤

즉시 김렬사를 검속하야 본정서에 인치하고 취조하기 시작하였든것이다。

33

김렬사는 처음에 무조건하고 부인하였다. 그의 굳은의지는 한번 부인하기로 각오한이상 누가 무어라고해도 말할리가 없엇다. 손목과 다리와 볼기에 매마즌상처가 무섭게 화농하야 고룸이 흐르도록 잔악한형을 받엇건만 김렬사는 한달동안 끝끝내 부정으로 일관하니 마침내 억지 조서를 승인케한다음 四十일만에 송국되어 서판(西坂) 이라는 왜인검사에게 다시 취조를받게 되었다. 김렬사는 경찰의 고문을 힐난하고 검사에 항의하니 검사역시 김렬사의 부상된손목과 앉은좌석에 피고름이 흐른것을 보고 이마를 찌뿌려서 더설문을 게속하지않코 퇴장을 명령한후 리면으로 증거품을 조사하였다. 그결과 의외에도 혁신공보의 지형과 동사관의 모양이 다름을 발견하고 (실상은 적은 등사판만이 압수되였기때문에) 다음날 무죄로 석방되였다.

「무죄석방」 생각하면 너무도 싱거운 판결이었다 김렬사는 어이가 없어 우슴이 나옴을 금할수없으나 일변 몸도 쇠약하고하야 불행중 다행으로 여기고 서대문감옥 문을 나왓다.

오래간만에 햇볕을봄도 반가운일인데 문앞에는 어떻게 알엇는지 같이 일하든 동지들이 쭉 늘어섯다. 김렬사는 만면에 우숨을 띄고 기달리고있든 동지들에게 일일히 악수한다음 인력거（人力車）를 불러타고 먼저 연지동十六지 리춘식 집으로 도라왓다.

박로영 윤익중 신화수 서대순 전우진 등 여러동지들은 김렬사를 둘너쌓고 앉어 김렬사의 쇠약해진건강과 혼자만 고생식켰음을 민망스럽게 여겨

『몸이 무척 쇠약해젓는데 어떻소』

『혼자만 고생게하야 죄송하오』 하고 각자 문안을 들였다. 그러나 김렬사는 그 까짓것이 무엇이 문제냐고 개의하지도안고 동지들의 근황을 대략 물은다음

『그동안 일을 못했으니 다시 계속해야지요』 하고 혁신공보 속간을 제의하였다.

『우리들 한사람 한사람에게야 사고가 있겠지만 우리 민족전체의 기망에야

35

변하고 중단됨이 있겠오 당장 등사판을 사고 조히를 사서 래일부터 속

간합시다」

김렬사의 힘찬말은 거저 단순한 상의가 아니고 하나의 절대적인 명령이

였다。 밝로영 윤익중이하 세동지들은 김렬사의 씩々한 투지와 용감한 결단

에 다시 힘을 얻은듯 얼굴에 긴장한 표정을 띄고

「옳습니다 三·一 동지들의 유지를 계승해야지요」 하고 동의서약을 하였다。

「그러면 지금 당장에 내가 보는앞에서 등사판을 사오시요」 하고 김렬사

는 다시 명령하였다。

「그것은 우리에게 맛기고 김동지는 가족들이 기달리고 있으니 어서 댁

으로 도라가시요」 하고 동지들은 집으로 어서 도라가기를 권하였으나 김

렬사는 듯지안고 내앞에서 사오는것을 보아야가지 그렇지않으면 못가겠다

고집하면서 윤익중 서대순을 등사판을 사려 진고내로 보낸다음 四십일동안

겪은 유치장생활을 간단히 이야기하였다。

한 시간쯤후에 윤익중 서대순이 그전보다도 휠신 좋으 등사판을 사들고

드러오자 김렬사는 물론이요 동지일동 모다 반가운 마음으로 새기게를 만

저보면서 오늘부터 즉시 속간하되 그전보다 더욱 비밀을 엄수하고 더욱 민

첩하게 활동할것을 서약하니 김렬사는 그제야 만족한 얼골로 창신동 본

집으로 도라갓다.

혁신공보는 그다음날부터 다시 서울의 골목골목에 돌려젓다. 내용은 더욱

로골적으로 왜인정치를 규탄하는것이었고 외전으로는 간도일대에서 우리동

포들이 눈물겨운 고생을하면서 조선독립 군정서 (軍政署) 를 세워 독립군을

훈련하는 모습을 연일 게재하였다. 이때 특기할것은 친척과부인들까지 동원

되여 협력하였다는것이다 남자동지들은 직접간접 주목을 받고 미행을 당함

으로 활동하기가 곤란하야 일부연락을 부인들이 담당하였었다. 즉 서대순 모

친은 자기아들이 밤새도록 찍어논 신문을 새벽일즉이 광주리밑에 깔고 그우

에 팥이나 콩같은 곡식을 부은다음 곡식을 사들고 가는것처럼하고 요소요소의

37

배달책임자에게 전하였고 애국부인회 회원들도 동원되어 혁신공보를 같은 동지에게 전달하였다.

이렇게하야 九월이 지나고 十월에 드러서였다. 그동안 국내는 물론이요 해외의 첩보망은 더욱 긴밀하고 민첩하여져 혁신공보의 존재는 더욱더 뚜렷하여젓으나 그반면 재정적 곤란이 심하여저 김렬사를 비롯한 동지들의 사재를 거의 다반치다싶이 되었고 또 경찰의 감시와 추궁은 극도로 날카로워저 인쇄 배달등은 거의 불가능하게되였다. 이러고보니 혁신공보는 정작 존폐의 위기에 서게되였다. 그러면 이혁신공보를 더계속하느냐 혹은 중단하느냐고마느냐 하는 문제에 이르러 모든동지들이 여러차례 상의한결과 그유일한 해결책으로는 상해림시정부(上海臨時政府)에 직접 대표를 파견하야 재정적으로도 원조를 받고 또 림시정부 그자체를 자세히 알어 국내동지들과 함께 어떠한 다른 방도라도 꾸며 이난관을 극복하여가자고 하는것이었다. 그리하야 十월十일경 박로영(朴露英) 김봉신(金奉信)을 혁신공보 대표로 선

38

정하고 로비를 각동지들게서 거더몽아 상해로 파견하였다. 한편 국내에서도

자금을 조달하기로하고 백초월(白初月＝혁신공보 창립당시부터 원조하여준

해인사 주지)과 혁신공보 기자 배모를 동반 파견하였었다.

七 암살단조직

【혁신공보수난】 十二월하순 어느날 상해로 파견된 박로영 김봉신 두동지

로부터 첫서신이 왔다 창신동 김상옥씨 명의로하야 동지일동에게 다음과같

은 편지가 왔다.

『동지 제형들 형들의 따스한 정의로 저이들은 도중 별고없이 여기 상해

에왔습니다。 여기는 국제도시의 면족이 약여하야 각국민족이 몰였고 상

업이 발전되어 국제무역의 상인출입이 굉장히 많으니 사치와 향락(享樂)

의 모습이 동양의마도(魔都)라는 별명에 문자그대로 해당한것같습니다。

저이들은 여기에와서 곧 우리가 목적하고온 우리 림시정부를 찾엇소。 그

39

리하야 가슴속 깊이 품고온 큰기대와 히망의 일단을 푸러보려 하였든것입니다。 그러나 동지형제들! 이것이 현실과리상의 싸늘한 거리라고나할른지요。 혹은 약소민족의 숙명적인 비극이라고나 할른지요? 한조선사람의 안내로 마송로(馬送路) 불조계안에 있는 「대한림시정부」라는 간판이부튼 二층집을 찾어드러가보니 한산하기가 빈집같엇고 유명하다는 몇몇지사들의 표정은 파리하고 무기력하기가 병에시달린 환자들 같엇습니다。 재정은 거의없어서 이러타할 사업하나도 하지못하고 있는형편인데 그우에 지방색이 농후하야 기호파(畿湖派)니 평안파(平安派) 령남파(嶺南派) 니하고는 각각으로 분열되어 소소한일에도 좀체로 합의가 성립되지 않는다니 우리는 완전히 실망하고 말엇습니다。 저이들 생각으로는 당분간 상해림시정부를 기대한다든지 또는 림시정부의 재정적 원조를 받는다든지 하는것은 거의 불가능할것같소 그래서 저이들은 동지들의 승낙도없는 단독행위를 취하야 죄송하오나 좀더 먼앞날을 위하야 남경 금능대학(金陵大學) 으로 가기로

하였습니다. 국내제동지들게서도 딴방도를 강구함이 현명하지나 않을는

지요? 혁명동지로서 절대로 용서할수없는 약한결론을 전하게된 우리의 심

정을 널리 삶이 여주시요.」

김렬사를 위시한 국내동지들에게 이편지는 큰실망이였었다. 상해림시정부

에 기이함이 깃든만큼 방향전환을 시사하는 이편지는 명일아침에 으레 떠오

르려니한 광명이 없어진듯이 실망적인것이었다. 그뿐아니라 이편지가 닷기멎일

전에 또한 큰불행이있엇으니 그것은 혁신공보 발간이래 거의 침식을 잊

다십이하고 인쇄를 담당하야오든 서대순 (徐大順) 동지가 구금이되여 등사

판을 위시하야 여러증거품을 압수당한 일이였다. 그후 혁신단동지들은 거의

숨어다니다싶이 피해다니며 혁신공보 발간을 쉬고있으며 오직 한가지 희망

을 상해에 두었섯는데 그편지내용이 이렇고보니 여기서 「혁신공보」를 아조

중단하고 해산하느냐? 그렇치않으면 일대전환을하야 새로운 각도의 독립운

동을 전개하느냐하는 두가지의길이 남엇을뿐이었다.

김상옥 윤익중 신화수 정설교 전우진등 제동지들은 이 문제를 놓고 여러 날 토의하며 혹은 혁신공보 계속론를 혹은 일대전환론을 구구히 주장하야 좀처럼 결론에 이르지 못하였다. 그러나 김렬사의 주장은 종시 혁명적인 실천운동(實踐運動)으로 일대전환을 하자는 강경론이었섯다. 즉

『우리는 애초부터 국내 형제자매들의 민족의식을 일깨워 우리나라 독립달성에 일대 선구적인 봉화불이 되자는것이지 상해림시정부를 목표로한것은 절대로 아니다. 최근의 일례를 들드래도 七十이나되는 강우규(姜宇奎)같은분이 재등(齋藤總督)에게 폭탄을 던지다가 실패하였지만 그 영향은 국내외를 불문하고 실로 막대한바가 있다. 그럼으로 우리들도 혁신공보를 통한 간접적인 활동보다도 이제부터는 왜인고관을 위시하야 한일합방의 반역도배와 일제경찰의 간첩배들을 일제히 숙청하야버릴 실천운동으로 전환하자』는 주장이었다.

이 주장에대하야 비교적 신경이 가는 및동지들은 반대의견을 말하였었으나

혁신공보는 사실상 더게속할수 없다는것과 그리고 자츰 해이해지는 민족의식

을 일깨우기위하여는 강경한 실전운동을 통하는수밖에 없다는점에는 합의하

였다. 그리하야 결국 혁신공보는 일단 중지하기로하고 김렬사가 주장한 왜인

고관을 위시한 반역도배의 숙청에 매진할 제二단계로 드러가기로되었다.

【 대한독립군정서원김동순입국 】 경신 (庚申 四二五三) 년 일월하순 만주길

림군정서 (吉林軍政署=김좌진장군 지도하에 조선청년군인을 양성하는 군관

학교) 로부터 二十二세의 약관의청년 김동순 (金東淳=一名金一) 이 중대한

사명을띄고 서울에 드러왔다. 그는 키가 김렬사와 비슷하야 불과 五척二촌에

지나지않었고 얼골은 흥안가련한 소년처럼 영롱하야 혁명투사로 보기에는

너무나 애티가 흘렀으나 그러나 그는 담대하고 또한 기술 (奇術) 을 가진 표

표한 청년이었다. 그는 서울에 입경하야 길림군정서 참모 박관해 (朴觀海) 씨

의 아우 박승목 (朴勝睦) 씨 집으로 일단 들였다. 그리고 곧 자기가 띄우고온

중대사명을 실천하려고 가장 열열하고 지조있는 젊은 청년동지를 찾엇다.

당시 박승목의 각가운 동모의 하나이었든 윤익중이 어느날 박승목집으로 놀러갓다가 김동순과 인사하고 박승목으로부터 김동순의 사명을 대략듯고는 자기들과 함께 일하고있는 감상옥을 소개하기로 약속하였다.

김렬사는 본래 만주에있든 우리독립군과 밀접한관계를 맺고 국내에서 독립군자금을 모집케된 인물임으로 길림군정서에서도 김상옥을 알고 김동순이 사명을 띄우고 국내로 드러올때 김상옥과 연락하라고 종용하였든것이었다.

一월二十三일경 김렬사와 김동순은 윤익중의 소개로 효제동 (孝悌洞) 七十三번지 리혜수 (李惠受) 방에서 만나 인사하고 젊은 혁명투사들의 가슴속에 사모친 우국지정을 마음꿋 토론하고 또 장차 실천해나갈 대략의 방향을 의론해나가며 하로밤을 꼼박 새웟다. 이들이 첫면회에 웨이다지도 친숙하였으며 또는 서로각기 가진 비밀을 기탄없이 이야기하얏는지는 상상할바조차 없엇다. 후에 김동순의 말을 빌면

『보아 첫인상이 이사람이라면 믿엄직하다는것과 대담하고 열렬한 젊은투

44

지가 완전히 공명이되여 십년지기의 동지보다도 더 친숙감을 늣기었다」고

줄회합을 보아도 처음부터 이두 투사들의 친분이 얼마나 하였다는것을 미

루어 알수있을 것이다.

김동순의 이날밤 이야기는 대략 이러한것이였다.

『작년 三월一일 국내각지에서 이러난 독립만세사건이후 만주각지에 있는

우리동포들간에도 독립운동이 울연히 이러나 지금까지 맹열하게 계속되

고있소 그동안 국내에서 울분을 품고 만주에 드러온 젊은 청년들이 왜인

들를 치부시겠다고 절치부심 군사훈련을 받기를 지망하야 현재는 길림군

정서를 비롯하야 동로군정서 (東路軍政署) 서로군정서 (西路軍政署) 아라

사 영토내의 아령군정서 (亞領軍政署) 등에서 군사훈련을 받고있는것이 물

경 十五만이라는 수자에 달하고 있소 그리고 또 남경 (南京) 중국정부에

연락하야 폭탄제조의 기사를 초빙하고 길림군정서 소속으로 대규모의 폭

탄을 제조하고 있읍니다。 그리하야 금후의 계획은 금년일년 준비를 가추

45

어 명년 일월경 두만강물이 얼면은 도강(渡江) 「게리라전」은 시작하야 국경일대를 점영 혹은 파괴하고 왜인관헌등을 뭇찌르는한편 동해연안을 항행하는 내외국선박등을 파괴하야 세계열강국으로 하여금 조선내의 치안을 왜인들은 확보하지못한다는 사실로서 국제문제를 발생케하고 우리 「게리라부대」를 국제법(國際法)에 비추어 정당한 교전단체로 승인케함 니다. 그런연후 미주에 있는 박용만씨등의 지사로부터 무기를 대게하고 또는 당시 왜인에대한 숙원이 많은 중국과 로서아의 원조를 어더 대규모 의 「게리라전」을 전개합니다. 다시말하면 이전술은 지금까지 우리약소민 족의 유일의 무기였든 만세소요등의 평면독립운동으로부터 진취독립으로 옴겨간다는 것입니다. 그럼으로 국내에서도 이에 호응하야 압록강 월강작 전이 시작되면은 이와 곧 행동을 같이하야 왜인관공서 관헌등을 뭇찔러 국내외가 혼연일치하야 전투에 참가한다는것입니다.」

김렬사는 김동순의 피끌는 정열과 그리고 만주군정서의 가장 구체적이며

46

또한 전투적인 계획을 들엇을때 황홀할 지경이였다. 과연 그래야만 독립이 실천되리라 하였다. 국제연맹의 민족자결이라는 구호만으로서는 독립진취란 불가능하며 하물며 만세소동틈으로 잔악한 왜인들이 물러가지않을것이라는 것은 명약관화한 사실이라 하였다. 동시에 혁신공보등의 간접적인 여론환기보다는 실천행동으로 전환해야한다는 종래의 자기지론이 또한 이와 완전히 합치됨을 스스로 만족히 여겼섰다.

그러면 다음문제로 국내동지들의 규합과 실지투쟁은 어떻게할가? 이것이 두동지에 과하여진 금후의 과제일것이다. 그러나 두동지간에 그지표는 완전히 합의결정되였으며 또 김렬사측에는 이미 행동을 가치해온 동지의 모임이있음으로 그것을 중심으로하야 그때마다 가장 구체적으로 그리고 민첩하고 과단성있게 실천하기로하자고 젊은 두동지 감격에넘친 손과 손을 맛잡고 이글이글 끄러오를듯한 기쁨의 눈과 눈을 마조보니 동창이 이미 훤하게밝은 새벽이었다.

47

【 두동지의 항쟁준비 】 그후 김상옥 김동순 두동지는 기회있을때마다 만나

서 실천행동의 설계도를 꾸미었다. 그들이 제일 많이 만나는장소는 창경원

안 식물원의 잔디밭이었다. 그들은 조선지도를 펼쳐놓고 드려다 보며 만주길

림에서 서울에 이르는동안의 중요도시와 안동 (安東) 에서 서울에 이르는 요

소요소마다 빨간표를 질러놓고 또는 서울에서 부산 혹은 목포에 이르는 요

지에 빨간표를질르고 독립활동의 지부설치할 궁리를 하였다. 그중에는 청진

원산 평양 해주 인천 대구 전주 광주등이 있었다. 그리고 지부설치에는 필수

조건으로 기밀연락소 (機密連絡所) 와 지하실을 파둘것이고 그 활동에 있어서

는 우신 탐정부 (探偵部) 를 조작하야 그 지방의 인물조사와중요기관의 소재

지를 명백히 표시한지도 (地圖) 를 작성할것이었다. 조직분담은 김렬사가 서

울이남을 맞고 김동순은 이북을 맞기로하였다.

그리고 시급히 서울본부설치에 착수해야겠는데 그것은 아모래도 서울사정

에 능통한 김렬사가 대부분을맡지않을수없었다. 김렬사는 곧 본부설치에 착

49

수하였다. 그리고 거기에 필수조건인 두가지요건 즉 지하실발굴과 서울사부경찰서 (本町 鐘路 東大門 西大門警察署) 의 중요간부와 고등계형사조사에 착수하였다. 김렬사는 먼저자기집 대장간앞에 지하실(地下室) 을 파기로하고 밤중부터 새벽까지 아모도모르게 몇조수와함께 흙을파고 내부에 기둥과 판자로 천정을하야 한주일만에 완성시켰다. 그리고 폭탄을 제조할 화약등속과 쇠덩이등속을 숨겨두고 비밀문서등을 궤짝에 넣어 그우에 말다갈이나 농구등속을 쌓어 의장하야두었다. 또한편으로 도경찰부에있는 김모와 헌병대에 소속한 장모를 통하야 경찰게의 중요간부및형사등 설흔두명의 성명과 사진을 부친 수첩을만드러 동지들에게 돌리고 틈틈이몰아 낯익게하야 일단유사시 형사들의 추격을 받을때에는 미리 기선을제하야 피할수있도록 하였다.

김동순은 김렬사의 이같은 눈부신 활동으로 자기의 사명이 의외에 순조롭게 진행됨을 만족히 여겨 길림군정서본부에 그동안의 사업진상을 보고하고 또 김렬사의 주선으로 군자금 五천원을 얻게되어 그일부를 군정서 사업에 보내기로 하고 일단 입만 (入滿) 하기로 하였다. 그리고 도라오는길에는 무기와 탄약을 가져오는동시에 도중 각지의 친지를찾어 지부의 연락장소를 만드러 두기로하고 三월하순 어느날 길림으로 떠났다.

【 김렬사와장일진 】 김동순이 만주서 다시도라온 것은 사월하순경 창경원벗꽃이 만개하였을때이다. 꽃노리니 야앵 (夜櫻) 이니하여 서울거리거리에는 구경군들이 범람하였고 여관마다 초만원 백화점을 비롯한 각상점에는 물건 매매가 활발하야 그야말로 사러서 꿈틀거리는것 같었다. 김동순은 좋은게절이요 사람의 왕래가 번화할때 자기네들 사업도 척척 진전된것을 믿고 기뻐하며 자기가 가저온 권총 세자루와 탄환 三백발을 김렬사에게 제시하고 또 자기가 데려온 장일진 (張一鎭) 이라는 청년을 소개하였다. 그리고 길림군정서의 부탁 즉 길림군정서의 재정이 부족함으로 국내에서 유지 혹은 동지들이 자금을 몰아 자기네들의 독립운동을 적극 추진식켜달라는 부탁을 전하였다.

김렬사는 이에 쾌히응하고 「뿌라니케」 八연발권총 한자루를 자기가 갖기로 하고 그다음날부터 총쏘기를 배우기로하였다. 총쏘기는 장군(張一鎭을 이렇케불럿다) 에게 배우기로 하였는데 장군의 거처를 정하지못하야 김렬사는 먼저 장군에게 하숙을 정하야주고 또 장군을데리고 다니며 서울사정을 익숙케하며 몇일만에 한번식 장군과같이 산속으로 드러가서 권총쏘는 방법을 전수하야받었다.

여기서 잠간 장군을 소개하면 장군은 봉천(奉天) 할빈(哈爾賓) 장춘(長春) 등지에서 쌈패로 굴르다가 길림으로 드러와 군정서일을 측면에서 거드는 열아홉 (十九홉) 된 평안도청년인데 몸은 절구통같이 버려저 힘이 비상하고 곱슬머리에 구리쇠빛 얼굴로 몸은 바위같이 튼튼하나 눈은 양처럼 순하고 말을잘못하는 품이 일견 바보처럼 보이였다. 그러나 그는 만주땅을 유랑하며 쌈하고 사람죽이는 기술을 터득하면서 자라온 쌈꾼의 하나이기 때문에 총쏘기 표창쓰기 올개미질하기등 무서운 기술을 가지고 있는 친구

52

였다. 김동순이 장군을 데리고온것은 장차 국내에서 실천운동을 할때 장군의 이러한점에 쓸모가 많은것을 기약한 까닭이었다. 그러나 원체 세상풍정을 모르는 숙멕이기때문에 국경지대를 넘으면서 혹은 이동결찰이 파리떼처럼 왕래하는 열차내에서 김동순이 진땀을 흘리게한것이 한두차례가 아니였다. 어깨를 웃슥하며 『저 가이놈의 쌕기』하거나 곁에앉은 김동순을 꾹지르며 『데놈의 쌕기 없새리까』(죽여버릴가 뭇는말) 하고 여러사람앞에 날뛰는 바람에 김동순은 혼자서 냉가슴을 알었섯다.

허리에는 백여발의 탄환과 권총을 찾고 안호주머니에는 올개미를 지녔고 버선목에는 표창(적은칼 표적을 향하야 던지면 꼭꼭 꽂히는칼) 을 꽂고 열차에 앉어 김동순과 나란이 앉어올때이다. 이동결찰 형사 한명이 앞에가 덜석앉으며 두사람의 행색을 이상스럽게 눈짓하면서

『아나다와 도꼬까라?(당신은 어디서 오는가)』 하고 물엇다.

『기쓰린노 오지노 도꼬로에 있데 가에루 도고로데쓰(길림 아저씨댁에 갓

「다오 중이요」

「고노 오도꼬와?(이 청년은은?」

「야도이닝 데쓰(고용인 이요) 난니모 와까라나이 오도꼬데쓰(아무것도 모르는 청년이요)」

이렇게 이야기를 주고받을때 장군은 형사 놈의 행동이 비위에 않마 젓든지 김동순을 그전보다 더세게 꾹찌르며 어떠케할가 물엇다. 그것은 두사람의 약조로 김동순이 손을들어 손까락을 깍닥하거든 죽여버리라는 신호를 약속하였기때문에 그신호를 어떠케하는가 뭇는셈이였다. 김동순은 깜작놀나 가만이 있으라고 발을 꼭밟부며 만류하였다. 때마침 이상한 중국인부처가 드러오니 형사가 그편으로 가버렸다. 김동순은 장군에게 제발 열차않에서는 꼼짝도말라고 빌다싶이 일럿다. 신의주에서 여관에 드럿을 때이다 김동순에 대한 주인의 특별한 호의로 뒷방을 치워주고 하루동안를 묵게하야주엇는데 김동순이 박게볼일이 있어 두어시간 외출을하고 왔드니 주인이 질색을하며

54

『저게 원청년이요 우리집에 큰야단이 나겠으니 빨리 데리고 떠나주시요』

한다 왜그러냐고 무럿드니 드러가 보라고하고 대답하기도 꺼리는 기색이라 문을열고 드러와보니 『장군 허리에찬 탄환을 풀어제치고 권총 두자루를 열엇다 닫엇다 『덜꺽 덜꺽』 하면서 총소제를 하느라고 분주하얏다. 김동순은 어이가없어 어서치우라고 성을내고 호령하였다. 「여기가 어떤댄줄알고 생이야단이야」 라고 그의 행동은 만사가 이지경이었다. 그의행동은 마치 기름에 물을 섞은것처럼 세상과 어울리지않고 심심푸리로 한마듸식하는 말솜씨나 행동은 도야지의 돌격처럼 무모한것이었다. 그러나 야단을 마젓다고 노여워할 친구도 아니였고 반성을할 친구도 아니여서 태연하였다. 다만 『사람을 죽이라면 파리목슴처럼 죽일수가있고 표창이나 올개미나 총을 쏘는 기술에 나를 당할자가 있거든 뎀벼보라』 는 자신이 반석처럼 그의 뇌속에 서리고 있을뿐이었다.

김렬사와 같이 서울거리를 다닐때에도 장군의 파격행동은 꼭같었다. 하로

는 사격연습을 하고 늦어 목노집으로 드러가 약주한되와 저녁을 배불리 먹

것드니 장군 장ー이 기분이 좋와 전차를 탄판이었다. 김렬사 전차에오르니

첫눈에 뜨이는것이 차간 중문곁에 벌이고 앉은것이 종로서 구치감에서 자기

를 몹시 고문하는 고형사이였다. 김렬사 장군의 엽구리를 꾹 찌르며 『저켠

에앉은 저친구가 바로 종로서에 유명한 고형사일세』 하고 소개하며 잘보아

두라고 하였드니 장군 두말없이 형사옆으로가서 만원된 좌석임에도 불구하

고 털석 주저앉으며

『나도 좀 앉세』 하고 형사를 흘겨본다. 김렬사는 장군의 이 어이없는 동

작에 깜짝 놀랏으나 한편 우습기도하야 어쩌나하고 슬금슬금 눈치만보고 있

었다. 고형사 몹시 불쾌하고 못맛당하다는듯이 장군을 노려보드니

『이친구가 미첫나』 한다

『이가이자식 나좀 앉어 못쓸것뭬니 가이질하는색기 모조리 죽일테다』

단번에 삼킬듯이 노려보는 장군의 기세에 눌렸슴인지 또는 형사의 직함

56

이 드러날 우려가 있엇슴인지 『에잇』하고 벌덕 이러서 자리를 비켜주고만 다.

『이놈의 색기들 왜놈의 가이질 하는놈 모조리 죽일테다』

또한번 웨치는 장군의 소리에 고형사 완전히 항복하였음인지 다음 정유장에서 내려버린다.

김렬사는 우습기도하고 어이가없어 그게 무슨짓이냐고 물으니 장군

『그놈의 가이색기 던차간에서 찌딜야고햇든데 너리고 마렷습디』하고 빙그레 우슬뿐이었다.

또한번은 남대문시장에서 황율을 사가지고 씹고오면서 (장군은 딴々하게 말는 황율을 질겨 이가아퍼 못씹도록 씹는 버릇이있다) 광화문 우편국엽 개천을 끼고 올때이였다. 저편에서 형사하나가 범인을 묶어 데리고온다. 장군 금방 불쾌한 표정을 하드니 형사가 점점 갓가히와 엽을 지날때 『이자식』하고 손을 번듯드리치니 불의의 습격을 받은 형사 낭떠러지에서 보기좋케

떠러저 개천물속에 풍덩 떠러저버렸다. 같이오던 김렬사 깜작놀래며 당황히

장군을 끌고 청진동 샛골목으로 피하며 그게 무슨짓이냐고 햇드니 태연하게

『그 가이색기를 모조리 죽이겠읍메』 할뿐이었다.

장군의 유일한 오락으로는 피리를 부는것이었다. 달밝은밤이면 곳잘 피리

는 부는데 그것도 다른사람들처럼 어되 기대앉거나 길을거닐며 부는것이 아

니라 전보대 꼭대기로 올라가 구슬픈곡조를 청승맞게 부는것이었다. 장군이

어듸갓느냐고 동지들이 사방으로 찾다보면 하숙근방에있는 전신주 꼭대기에

서 피리를 불고있고 내려온다음에 무엇하러 피리를 부는가하고 무려보면 만

주벌판에 두고온 가시내생각을 한다고하였다. 전보꼭대기에 올라가는 것은

높은곳에서 만주땅을 구버다보는것이라고 하였다. 이렇게 피리를 한참 불

고있을때 한번은 순사하나가 지나다가 목도하고 웬놈이냐고 고함을치고 꾸

짖엇다. 그랫드니 웃통을 빨가벗고있든 장군 쏜살같이 내려온다. 화낌에 한

대 치려는 심산이였다. 꾸짖든순사 『저게 누구냐』고 곁에있는 사람들에게

무릇드니 『그게 미친놈이요』하고 대답하였다. 순경 깜짝놀라 장군이 다내려오기전에 도망쳐버린일도 있섯다.

이렇게하야 장군의 괴벽은 차차 풍문이되고 말썽이되어 김렬사도 이장군을 데리고다니기가 난처하게되었다. 김렬사자신도 이미 형사수첩에 오른 요주의 인물로서 늘 추격을 받는중인데 장군이 또한 차츰 말썽이되어 형사들의 눈총을 받게되니 그와가치다니기가 더욱 곤난하여졌다. 그러나 그동안 김렬사는 장군에게 총술을 배워 나종에는 장군보다도 더 명중률이 높게되었든것이다.

【 미국의원단래국을기회로 】 조선 三·一 운동투쟁은 왜인들의 잔악한 악형탄압으로 국내에선 일단 잠々해진듯하였으나 이소식은 점차 해외로 퍼져 각국 요로인사들에게 적지않은 자극을 주엇으며 더구나 도처의 기독교도가 학살당하였음을 알자 전세계 기독교인들의 울분을 사게되었다. 그당시 미국모신문의 특파원인 「따니엘·파이버」의 보고며 장로교게 미국인 목사들 보

고며 또는 외국인영사관원(影寫斑員) 들이 박은 사진 즉 각지의 왜인 헌병들이 조선사람을 총살하는 광경이나 쭉 느러세어놓고 목을베어 죽이는 목불인견의 참상을보고 해외의 여론은 왜인들의 만행(蠻行) 을 비난하였다.

그들의 확증한 피해수자만 보드래도 사망이 八千六百명 투옥된자가 五萬六千이라는 놀라운 수효에 달하혔든것이다.

그중에서도 미국국회 의원들에게 큰분개를 사게되어 그들은 국제정의로서 해결하지않으면 안된다고 강경히 주장하였고 동시에 민족자결주의라는 국제연맹의 정신을 살리는것도 이러한곳에서 부터라고 위처 드듸여 四十六명의 조사단을 파견하야 三一독립운동의 진상조사를 하기로 하였든것이다. 그러나 일본정부와의 표면적인 마찰을 피하기위하야 「기독교피해진상조사」 라하고 수원상수리(成原上需里) 등의 현지조사를 포함식켰섰다.

이뉴스가 신문에 한번 보도되자 조선내 각게인사들에게는 여러가지로 기대한바 있었다. 四十六명이나되는 외국손님들이 조선에 온다는것은 미증유의

60

대사실이며 더구나 민족자결주의를 제창한 미국교회의원들이 온다는것은 아모

리 평면적으로 해석한다하드래도 단순한 기독교도 피해조사가 아니라는것은

알수가 있었다 신문에 연일 이소식이 게재되며 마침내 八月二十三日 봉천을

거처 二十四日 서울에 도착할 날짜까지도 발표되었다.

이때이다 종래 김상옥렬사를 중심으로한 혁신단파와 길림군정서에서온 김

동순등은 그동안 피차의 의도와 사업게획이 완전히 합의되여왔음으로 이를

계기로하야 공고한 조직체로 뭉처 건곤일척의 대역활을 하지않으면 안될 중

대단결에 이른것이다. 김상옥 김동순 윤익중 신화수 정설교 이혜수 전우진

등은 매일같이 몰여 이에대한 대책을 토의하였다.

김렬사는 혁신공보 중단시부터 열열히 주장하야온바와같이 직접행동으로

나가자는 실천파이었다. 이에대하야 윤익중 신화수등은 준비없는 실천보다 선

전부터 착수하자는 비교적 온건파이였다. 이렇게 두가지 의견이 구구하게 론

의할 때 김동순은 길림과 연락하야 八月 二十일까지면 무기 탄약등의 준비를

61

완료할것이니 준비 걱정은 염여말라고 책임을 지게되여 결국 김렬사가 주장하는 실천행동에 착수하기로되었다. 그리고 단(團)의 명칭도 소극적인것이 아니라 단도직입적인 암살단(暗殺團)으로 하자는 김렬사의 의견에 쫓기로하고 단의 조직은 극비밀리에 하는데 종(縱)의 연락만을 가지고 횡(橫)의 연락은 전혀 취하지않키로되었다. 즉 암살단이라는 단밑에 대(隊)가 있고 대밑에 오(伍)를 두어 무슨대(隊) 무슨오(伍)로하되 종의 연락 지시로만 행동을하고 횡의연락 즉 대와대사이 오와오사이에는 어떻한 연락도 못하게하야 서로 알수도없고 알릴 필요도없게 조직망을 만들엇든것이었다. 그리하야 이암살단이 할일은 미국의원단이 도착할때까지 길림을 비롯하야 국내각지부와 연락하야 일시에 봉기할수있는 태세를 가출것과 각관공리 경찰관등에 경고문을 보내어 왜인들의 주구질을 고만두고 민족의대의에 순응케할것과 철도 교량등을 파괴할 계획을 세워둘것등이었다. 그담당부서는 대략 다음과 같하였다.

◎ 실제행동담당 (實際行動擔當) ― 김상옥 (金相玉)

◎ 무기제공 (武器提供) ― 선전 (宣傳) 연락담당 (連絡擔當) ― 김동순 (金東淳)

◎ 재정담당 (財政擔當) ― 윤익중 (尹益重)

◎ 비밀문서담당 (秘密文書擔當) ― 신화수 (申華秀) 최석기 (崔錫基)

◎ 집총담당 (執銃擔當) ― 서대순 (徐大順)

◇ 자매단체 (姉妹團體)

① 중앙청년체육회 (中央靑年體育會)

② 애국부인회 (愛國婦人會)

③ 대동단 (大同團)

八 만반준비와무예단련

六월말로 드러서부터 각기담당한 책임진일을 본격적으로 시작하였다. 미국의원단이 올때까지는 불과 二개월 남짓함으로 아무리 분주하게 서둘른다 하

63

드래도 여유있게 일을 추진시킬수는 없는형편이었다. 김동순은 다른 책임도 있지만 그보다도 길림군정서본부에 연락하야 자기네계획을 보고하고 또 자기네가 필요한 무기와 탄약을 알선받어오는것이 더 급했다. 그래서 길림군정서에다 암호전보를 연겁허치고 마침 길림으로가는 동모가있어 그편에 상세한 편지를 적어보내여 될수있으면 빨리 권총과 폭탄등을 시러보내도록 청원하였다.

이때 만주안동 (安東) 에 애란 (愛蘭) 상인 《 쏘우 》 라는 사람이 二六양행이라는 양복상을 하고있었는데 같은 약소민족의 비애를 늣겼음인지 조선사람지사 (志士) 들의 활약에는 자기물품을 아낌없이 대주고 연락장소로 쓰도록 자기집을 제공하야 편의를 보아주었다. 그뿐아니라 상해서 나오는 지사 (志士) 들이 부탁하면 자기상선 (商船) 을 무료로태워 안동까지 실어다주기를 여러번 하였다. 그런관계가 있는지라 이번 무기반입도 일단 이집에다 시러다놓고 국내의 연락원으로하여금 밀선 (密船) 편으로 해주나 혹은 인천

64

으로 시러울 계획을 세웠었다.

암살단 취지서와 통고문(通告文) 경고문(警告文) 등을 맡은 신화수는 먼

저 단원들과 상의하야 취지서(趣旨書)를 작성하였는데 그것은 루차 상의한

결과의 요지를 간단히 종합한것으로 『미국의원 四十六명 래조를 게기로 하

야 충독이하 왜정고관을 살해하는동시에 친일반역자 및 왜인경찰의 주구짓

을하는 고등계 형사들을 소탕하야 우리민족의 우국지정을 미국의원단을 통

하야 전세게에 알니기로하자』는 것이였고 통고문(通告文)은 우리동포로

서 당시 중추원참의와 일제 고등관이될자들에게 보내는글인대

『그대들은 중추원참의니 고등관이니하야 조선인측으로서는 최고의 자리

에 있지만 왜인동료는 물론이요 왜인 급사들게까지도 망국의 종족이라고

업신여김을 받고 모욕을 당할것이니 그대들은 그원한이 골수에 매치지 않

는가? 세게각국의 혁명사를 펼쳐볼때 심약한 아녀자까지도 일선에나와

목슴을 바치고 쌓웠거늘 항차 남아로서 어찌 후세자손이 노예로 전락하는

것을 수수방관하는가? 아직도 늦지않으니 그대들도 굴욕의 자리를 차고이

러서 솔선 항일 투쟁에 매진하여 온다면 그대들을 본받어 천부(賤夫)도

분기하고 비부(卑夫)도 용약하야 그대들을 따를것이니 언제까지나 주

저치말고 나아와 후손만대의 원한의적이 되지말라」는것이며 경고문(警告文)

은 당시의 경찰 주구로서 동족의 피를빨고 우국지사들을 혹형하야 마침내

죽엄을 식히는 형사들에게 주는글인데 이는 상당히 강경한것이었다.

「군등은 조선의 혈통을받고 조상이래 아름다운 배달민족이라는 긍지아

래 사리왔거늘 어찌하야 부모의 육신을 깍고(削父母之肉) 형제의피를 빠

는고(啜兄弟之血)! 하날이 뜻이 있다면 어찌 천벌이 없을것이며 신(神)

이 뜻이있다면 어찌 재화가 없을소냐 아ㅡ금수만도 못한 어리석은 무리

여 그리고도 오히려 생명을 보존코자하니 개탄치 않을수없다. 한번 기회

가오면은 너의친족은 모르겠다만 누가 너의 일편고기(一片之肉)을 회치

고싶지 않을자있으며 한주먹의 소곰을 가지고 기달리지 않는자 있으랴?

그후에 남은 너의들의 자손은 또한 어이하려나 현해탄을 건너 왜지(倭地)로 보내려는가 또는 어느 지옥의 한 모퉁이에 방황케 하려는가! 오늘날 저 철창에 신음하는 형제자매들은 모다 누구때문인가? 그는 나라를 위해 목숨을 바치고 싸운 의사들이거늘 군들은 이 의혼(義魂)을 죽이는 마귀에 끄치는가? 군등을 조종하는 왜인들중에도 만일 의사(義士)가 있다면 너이들의 면상에 침을 뱉고 한칼을 휘둘러치지 않을자 없으리라. 더 말하지않켓노라 부모를 모시고 처자를 거나린자로서 너이들의 행동은 참아 할것인가 숙고하야보라 그리고도 오히려 너이들하는 일이 옳타면 옳다고 믿는대로 행하여보라 후일 장교(長橋) 다리 우에서 만나보자」……

이암살단 취지서 통고문 경고문의 인쇄는 김렬사가 맡기로되여 김렬사는 창신동 본집 지하실에서 동지 최석기(崔錫基)를 불러 거들게하고 각각 三백매식을 인쇄하였다. 그러나 원체 등사기술이 부족한데다가 등사잉크가 나빠서 인쇄가 선명치 않케되여 독자들앞에 권위가 없을뿐아니라 독자들로 하여금 비분강개 주먹을 쥐고 이러서게 하기위하야는 답답하였다. 그래서 八月달에 드러서 김동순 신화수 윤익중 김화룡등은 기위 할바에야 다소 경비가 더들더래도 활판으로 인쇄하자고 주장 결의하였다. 그래서 신화수는 다시 그 취지서와 통고문 경고문의 원고를 정사하야 김화룡(金華龍)에게 주고 김화룡은 자기가 잘아는 조만식(趙晩植)을 찾어 인쇄주선을 의뢰하니 조만식은 다시 운니동(雲泥洞)에서 인쇄업을 하고있든 김교석(金敎奭) 박한주(朴翰柱)에게 부탁하였다. 김교석 박한주는 이를 책임지고 八月중순 광주군 중부면 탄리(廣州郡中部面炭里) 산속 이재인(李載仁) 집에서 취지서 통고문 경고문을 각각 三千매식 인쇄하야 부탁받은 조만식에게 전하고 조는 다시 김화용을 통하야 전우진(全宇鎭) 집에 보관케하였다.

재정책임자 윤익중(尹益重)은 암살단에서 필요한 자금을 조달하기에 골몰하였다. 먼저 자기집을 저당하야 일금 千여월을 대고 또 김렬사아우 김춘원(金春圓)도 김렬사의 철물점(鐵物店)을 잡히여 二千원을 내여 권총등을 비롯한 제반비용에 충당케하였다. 그리고 길림군정서에도 매월 약간식 보내지않을수없는 형편이라 재정염출에는 특별한 대책이 필요하였다. 김렬사는 이에대하야 여러가지로 궁리하다가 유지들이나 혹은 부자들을 찾어가 자기네 정체를 말하고 독립자금의 일부를 부담식히는수밖게 없다고 결론하였다. 그래서 제일먼저 찾어간것이 박영효(朴泳孝)인데 박영효는 조선개화사업에 분망한사람인만큼 김렬사의 기탄없는 이야기를 듯자 서슴지않코 三千원(처음에千원 다음에二千원)을 내어주었다. 그다음은 당시의 변호사 박승빈에게 사전에 통고하고 새벽일즉 김동순과같이 차저가 래의를 전하였드니 박은 의외약속과는 딴판으로 난색을 보였다. 김렬사는 약속과 다른 박의 태도에 화가 벌컥 치밀어

『그대같은 인간에겐 조국도 없는가 三千만동족을 구하기위하야 약간의 부담을 청하는데 도대체 별수가 없단말이지? 흥! 그렇타면 그대같은 인

간은 이 땅우에 발딧고 다니게할수는없으니 먼저 이것으로 처치하고 나도

뒤에 따라가겟네」하고 김렬사는 뿌라니케 十연발 권총을 끄내 들었다.

김동순도 권총을 들고 시위하니 김렬사는 다시

「이 수전노야 날같은 일개 철공업 대장쟁이라도 전재산을 바처 조국광

복에 제공하였다」하고 호령하였다.

변호사 박은 두청년의 기세에 억압감탄되여

「형들같은 젊은 투사들이 있는줄은 몰랏소 형들이 일선에 나선이상 우

리나라 해방도 머지않을것을 믿소」하고 말하며 자기가 가지고있는 한일

은행(韓一銀行) 소절수 八백원짜리 한장과 상업은행 지불금 二백원짜리 소

절수 한장을 떼여주고 안에드러가 조반을 차려 성찬으로 환담하였었다.(후

에 알고보니 박은 만일에 경찰문제화 하였을때 자진하야 원조하지 않었다

는 구실를 만드러두자는 연극이였다고한다) 김렬사와 김동순은 그길로 곳장

은행으로 가서 현금으로 밖군후 일금 六백원야를 만주길림군정서로 직송하

70

였었다.

　그후 김렬사는 새벽같이 배오개장으로 나가 상인들의 새벽물건 거래시에 자기의 이름과 용무를 띄고 몇百원 몇千원식을 융통하야 비교적 윤택한 재정으로 오는 八월廿十四일에 거사할 사건을 준비하야갔다.

　한편 가장 중요한 부면으로 무예수련이 있었다. 앞서 집총대(執銃隊)라고 하야 그대장에 서대순(徐大順)이라고 하는부면이 곧 이것인데 八월 二十四일 미국의원단을 맞어드려 경관대 또는 군인들과 즉접 교전하야 최후의 성공을 거두느냐 못거두느냐하는 성패의 최후결정이 여기에 있는만큼 김렬사가 맡엇섯다. 웨그러냐하면 김렬사는 선천적으로 무인의 천품을 타고나 모험과 호협심이 초인간적이였고 권총사격에 있어서도 김동순 혹은 길림서왔다가 도라간 장군등에게 처음에는 배웟지만 후에는 그들보다도 월등하게 잘 쏘앗든 까닭이었다. 이리하야 김렬사는 암살단의 총지휘자로 또는 종(綜)

71

의 연락의 최고책임자로서 지시 명령등을 내렸으며 단조직에 비밀문서 인쇄에 재정조달에 전반적인 활동을 눈부시게 시작하였지만 그중에서도 무예수련에 있어서 더욱 그리하얏다. 그는 이방면에는 거의 본능적인 흥미를 가지고 있었음도 사실이었다.

김렬사는 부하를 다리고 아침일곱시경 창신동을 떠나 사겨수련의 제반준비를 가추고 대원들과함께 북한산 (北漢山) 골작으로 드러갓다. 아모도 인적이없는 섭섭산중에가 자리를 잡고는 잠간 신발을 고치고 땀을 씻고 쉬인다음에 三四인교대로 다름질처서 산봉두리까지의 등반을 경쟁시키고 시키고하야 심장과 호흡과 보도를 허드러지게한다음 권총사격연습을 수련식히었다. 물론 자기도 대원들과같치 산을 다름질치 뛰어오르고 또는 뛰어내려오고하는데 제일 나히많은 김렬사를 당할 대원이 없엇든것이다. 이때마다 김렬사는 빙그레 우스며 「젊은놈들이 나한테 저서야되겠니?」 하며 자기도 권총을 들었든것이다.

72

처음에는 대원들이 모다 손이떨리고 숨이가쁘 표적(標的)을 마치기는 커

녕 엉뚱한 방향으로 나가 위험하기까지 하였었다. 그러나 날이가고 주일이

가고 달을 경과하매 차츰 익숙하여져 七월하순경에 이르러서는 다섯방중 세

방은 으레 관역을 마치게되였었다. 김렬사는 산봉오리까지 뛰그와서도 피곤

한빛이 없고 권총을 들면은 九활이상의 명중률을 보이는 것은 역시 선천적

인 소질이라고 하지않을수없엇다.

다음으로는 리운기(李雲基)가 곳잘쏘앗다. 리운기는 암살단에 가입한지

는 얼마 되지않으나 그자신의 특별한 환경과 성의로 놀라웁게 비약한 사람

중에 하나이다. 본시 괄괄하게 타고난 성미에 억울하게 죽은 두형의 원한을

품고 절치부심 무예수련을 쌓튼것이다. 즉 장형은 리조말기 육군으로 드러

가있다가 왜놈군인들에게 피살당햇고 둘째형은 한일보호조약을 맺일때에 대

한문(大漢門) 앞에가 꾸러업드려 반대통곡시위를 하다가 왜인헌병의칼에 다

리를 찔리운후 감옥에서 고생하다가 세상을 떠고마니 어린마음에도 원한은

절절히 매치고 쌓이었었다. 그후 두형의 원한을 풀려고 동지를 찾다가 우연히도 김렬사를 알게되어 자긔의 경력을 이야기하고 천지신명에 맹서코 왜인들의 원수를 갚겠노라고 암살단에 가입한다음 서대순과도 의가좋와 형제간처럼 다니며 무예수련에 열중하였다. 의외의 집총대원들도 모다 사격술에 대진전이 있었는데 항상 부족한것은 권총이 적은것이었다. 자기가 애용하는 무기를 생명처럼 가져보고도싶고 또는 스스로 닥고 손질하야 곱게 다듬고싶기도 하건만은 원체가 부족하야 미흡함을 어쩔수없어 김동순을 볼때마다 「만주로 주문한 권총 언제오느냐」고 성화같이 졸랏섯다.

九 결사대와합작

김렬사를 중심으로한 암살단조직이 확립되여 차츰 실천운동을 시작하랴 할때 이와 그목적이나 행동이 거의 비슷비슷한 결사대 (決死隊) 라고 하는것이 또하나 서울안에 조직되여 벌서부터 활동을 시작하였는데 그책임자는 한우

75

석(韓禹錫＝一名韓君)이었다. 한우석은 충남 서산(瑞山) 태생으로 열일곱살

때부터 독립운동에 종사하야 가진 고초를 다 겪어가며 당시의 광복단(光復

團)을 거의 혼자 끌고오다싶이 하였다. 그러다가 기미년 가을부터 동지 박

환(朴桓＝상해 림시정부 특파원)과 알게되여 루차 회합협의하야 처음 조

선독립군사령부(朝鮮獨立軍司令部)라고하는 독립단을 조직하기로하고 박의소

개로 익년(己未) 十二월하순경에 상해로 건너가 (광복단 중요간부의 자격

으로) 당시 림시정부의 간부 김철(金徹) 리동휘(李東輝) 안창호(安昌浩)

리동녕(李東寧) 리시영(李始榮)과 신익히(申翼熙) 윤현진(尹顯振) 등과 직

접 교섭하야 독립운동 군자금을 모집키위하야 사용할 권총 四十정(모젤)과

폭탄 十관 탄환 三千발을 사가지고 三월중순에 귀경하였다. 귀국한후 한우

석은 황금정 六정목에다 거처를 옴겨 박환등과함께 동지획득에 맹활약을

하야 동지 김병순(金炳淳) 윤기중(尹奇重) 윤상보(尹祥普) 김

형규(金衡圭) 리근영(李根榮) 유학주(柳鶴柱) 기명섭(琦明燮) 윤홍종(尹

洪種) 안승극(安承極) 등을 마저 결사대를 조직하얏다。 그리하야 점차 조직

망을 완성하야갈 때 상해림시정부로부터 연락기별이 왔음으로 七月상순에

안동으로 가서 림시정부특파원 최우영(崔宇榮)과 맛나 림시정부의 지시를

받고 무기의 일부를 다시 보강받은후 한우석은 분주하게 서울로 도라왔다。

서울로 도라온지 바로 三일후이였다。 동지 유세관(柳世觀)의 소개로 자기

내와 거의 같은 목적으로 암살단을 조직하야 맹활약을 시작한 암살단의 총

지휘자(總指揮者) 김상옥렬사와 한자리에서 맛나게 되여 이야기할기회를 갖

게 되었다。 암살단과 결사대 그명칭도 비슷하였지만 그들의 목적이나 행동강

령이나 실지태세등은 거의 동일하얏고 심지어는 그들의 조직활동까지도 같

은점이 많어 두책임자는 곧 흉금을 터러놓고 이야기할수가있었다。 三·一 운

동이후 해이해진 민족정신을 흔들어 일깨우려면 필설(筆舌)로하는 구두선

전도 필요하지만 그보다도 三千만동포를 한데묶어 일직선으로 독립전취에

매진케하려면 실지 투쟁으로써 하지않으면 안된다는 견해도 완전히 합의되

였다. 이두단체간에 다만 다른점이 있다면 한우석측의 결사대는 인물이 적고

조직체로서 아직은 완성되지못하였으며 김렬사측 암살단은 조직기타 인적배

치는 완전하건만 무기탄약이 거이 없었다. 만일 김동순이 독립군정서에 주

문한 무기가 그동안이라도 온다면 별문제이지만 당시의 교통이나 왜인경관들

의 국경지대 취재상황으로 본다면 그무기가 순조로온다는것은 거의 바랄수

없는 형편이었다.

그래서 김렬사와 한우석 두책임자는 한가지 목표를 향하야 투쟁에는 두

단체가 서로 분리되여있어서 약한것보다는 서로 뭉치여 결함을 보충한 튼

튼한 단체로 발족하자고 굳게 맹서하였든것이다. 이리하야 한우석과 박문용

윤기중등 결사대대원들은 암살단으로 포섭되였고 한우석은 자기가 가지고 있

는 무기일부를 암살단원에게 제공하기로 하였다.

一〇　김렬사의 작전

八월달로 드러서 김렬사와 한운(한우석의 별명)은 여러차례 만낫다. 청량사뒤 송림속 혹은 도림동 모의집에서 루차만나 八월二十四일 미국의 원단을 마지하야 실천할 윗갓 작전을 토의하였다. 한훈은 본성미가 부드럽고 순하야 일견 혁명투사같이 않으나 한번결심한것은 꼭 실천하고야마는 성격이였다 그리고 한훈은 총잘쓰기로 이름이 높앗고 경찰의 고문으로서는 도저히 이사람을 항복식힐수없는 굳은 절개를 가진사람이라 김렬사와는 서로 심경에 통하는점이 심히많엇다. 이러한 인물중에 있어서 그두뇌가 명석하면서도 치밀하고 행동이 대담무쌍하면서도 철저한 점으로보와 김렬사가 뛰여났었다. 그러므로 단원일동은 당일의 실천행동 일체는 김렬사의 지시를 따르기로 하였다.

八월상순이 성큼 지나자 김렬사는 잠간 시골에 다녀오겠다고 김동순에게

만 이야기하고 양평(楊平) 어느절로 드러가 五일동안 작전설계에 골몰하였다。 다른동지들은 이바뿐 거사에 임박하여 김렬사가 시골로 간다는것을 이상히 생각하였지만 일이 김렬사의 경우인지라 무슨 중대한 용건이 있을것만은 사실이어서 별말없이 제각금 자기담당사무에 충실할뿐이였다。 한훈은 시골에 은익하야서 무기탄약을 가져오도록 하고 자기집에서는 큰태극기와 미국기를 百여개식 만들엇다。 서대순 이운기등 집총대(執銃隊) 일동은 최후의 몇일을 남겨두고 더욱 무예수련에 열중하였으며 김동순은 만주서 가저오기로한 무기가 의원단 도착전에 서울에 닷케하랴고 윗갓 수고를 다햇섰다。

이보다 조곰전일로 七월중순경 재정대 책임자가 윤익중은 수원구국민대(水原救國民隊) 에 전보를 제공햇다는 혐의로 구금되어 수원서에 인치취조를 당하였고 비밀문서 책임자 신화수는 八월十一일경 경남고성(慶南固城) 의 본고향에게시는 어머니가 위독하다는 전보를 받고 로량진(鷺梁津)역에서 동지들의 전송을 받으며 시급히 도라오기를 약속하고 떠났다.

김렬사가 절에서 나온것은 十七일경이었다. 김렬사는 자신만만한 표정으로 우슴을 만면에 띠우고 도라와 김동순 한훈과 자리를 가치하고 극비밀리에 다음과같은 당일의 작전계획을 이야기하였다. 즉 미국의원단 四十六명이 역에나려 정거장 광장부근에 나타나 기념촬영을할때 환영하려나온 수십만의 남녀노소 군중들에게 미리 준비하여두었든 암살단 취지서와 통고문 경고문을 일제히 뿌리고동지들을 요소요소에 세워두고 독립만세를 선창케하여 전군중들로하여금 우리민족의 기망을 충분히 알게하고 조선호텔에가 일박한 그다음날 일행이 남대문통을 지날때미국기와 태극기로 열열히 환영케하고 실지행동은 종로에서 하기로하는데 이종거사는 자동차 세대를 준비하야 두대에는 사격설비를 꾸미고한대에는 순전한 폭탄과탄약대로하야 길가 二층집 밑에 대기하였다가 미국의원단이 지나갈때 수행하는 총독이하 고관들로부터 쏘와죽이고 이를 옹호 수습하려고 각서원들이 총동원되여 거리로나오면

81

두대의 자동차에의지하야 되도록 장시간동안 대전(對戰)을 계속한다. 그러면 그동안각경찰서와 재판소등은 거의 비였을터이니 각각 분담하여 음폭약을 실고 드러가 대규모로 파괴하여버리고 관청등에는 폭탄을 써서 역시 대규모로 파괴하여버린다. 이때 만일 용산에서 七十七연대가 동원되여 쏘다저나오면 남대문동 양편에서 「싸아창」으로 공격할것등이었다.

과언 이게획대로 실천이된다면 그 효과는 三·一운동의 무저항주의 항정보다도 더커다란 반영이 전전세게적으 이러날것은 거의 확실한것이었다. 다만 그중 음폭약제조와 자동차 설비장치가 순조롭게 될가가 의문이라고 김동순 한훈이 이야기하였을 때 김렬사는 『그것은 자기가 책임질터이니 두고보라』 는 자신만만한 답변으로 그러면 그대로하자고 일로 실천운동에 매진하기로하였다.

一一 예비검속

미국의원단이 도착할 八월二十四일 이날을 앞둔 二일전날 (二十二일) 낮 김렬사의 철물점 이층 요리집 동춘루(東春樓) 한방에서 김렬사와 한훈은 백알한잔을 나누며 제반준비가 순조롭게 진행됨을 서로 기뻐하고 자기가 수배한 무기도 오늘중으로 드러올것이니 명조에 전하겠다고 약속하였다. 무기를 전달할 장소는 낙산(駱山)이나 혹은 주교정 모동지의 집으로하자고 한훈이 제의하니 김렬사는 아모엄여없으니 현재 자기들이 앉인 동춘루 二층 바로 이방에서 전하여달라고 하였다. 한훈은 그래도 매사를 튼튼히 하는의미에서 다른곳에서 만나기를 청하였으나 김렬사는 그런걱정은 말나고 고집하면서 되려 한훈의 로파심을 책함으로 그러면 그렇게하자고 약속하고 물러갔다。

조곰후에 서대순 이운기가 김렬사를 찾어와 모레아침 미국의원단을 환영수행하다가 종로동에서 포화를 교환한 자기네들의 중대사명을 잘 리행하기 위하여 김렬사로부터 세세한 부문에 이르기까지 작전계획 설명을 들엇다 그리고 특히 동지들과의 연락에는 시간을 엄중히 직힐것과 실지로 포화

(砲火)를 교환할때에는 민첩하고 대담하게 하라는것과 오늘 집으로 도라가거든 부모님들게 안심을시키고 최후의 각오를하라는 세가지 주의를 받엇다. 서대순 이운기는 김렬사의 지시를 열심히 듯고나서 자기네들이 어제밤 저고리를 벗고 상락체(上裸體)로 박힌사진을 (사후에 공로를 표창하기위하여 상해림시정부로 보내기로한것) 김렬사에게 전하였다.

밤에는 김동순이 찾어와 오레까지 이야기하고 래일 작전이 순조로 진행된가 만일의경우에는 어떻게할가등의 임긔응변책을 숙의하고 한시반경에 도라갔다.

이튼날아침 (二十三일) 오전 아홉시쯤하여 김동순에게 경찰관게 연락을 맡은 조만식(趙晚植) 으로부터 급한 전언의 쪽지가 왔는데 오늘부터 미국의 원단이 지나가버릴동안 즉 二十三일부터 三十일까지 한주일동안 서울에 위험분자라고 지목되는 사람 약 千여명을 예비검속한다는 소식이였다. 김동순은 급하게 갈겨쓴 이쪽지를 읽고 불길한 예감이 들며 자기신변보다도 김

84

렬사의 신변에 더욱 위험성이 있을것같엇다. 「오늘아츰에 한훈으로부터 무기전달을 받을것이고 그무기를 다시 서대순 이운기등의 집총대원에 분배할 것인데 만일에 김렬사의 신변에 사고가 생긴다면은 래일의 푸란이 전부 와해가될것이며 반년동안 와신상담한 결과가 수포가될 위험성이 적지않어 김동순은 좌불안석의 초조한 심경이였다.

아니나다를가 오전아홉시반이되자 동대문경찰서에서 형사 순경등 약十여명이 김렬사의집으로 달려드러 예비검속을할겸 가택수색을 시작하였다.

처음 형사 세명이 뒷문으로 드러와 이것저것을 조사하는척하드니 그중한명이 장롱에있든돈七十원을 제호주머니에 집어넣는다 김렬사부인 이것을보고 어이가없어 「아이 저이좀 봐—」 햇드니 「잔소리마라」 하고 되려 큰소리로 꾸짖으며 「김상옥이 어디갔서」 하고 호령한다. 이때 영입장소에 놀러왔든 동대문학교교원 강일권이 이것을보고 슬적 앞으로 도라 김렬사에게 형사가 왔다고 일러주니 김렬사 재빠르게 소리도 안내고 二층으로 올라가 낮잠자는척

85

하고 누어 아랫층 동정을 삶이었다. 김렬사는 이불의의 습격에 약간 당황하였으나 편듯 지나가는 생각애도 저자들이 무슨 큰단서를 잡고 습격하려 온것 같지는 않엇다. 그러나 그러타고해서 래일로 닥처온 중대한 거사를 앞두고 총지휘를 맡은 자기가 승겁게도 형사들에게 잡혀갈수는 없는것이었다. 아랫층을 뒤지는 형사들 이번에는 떨그럭거리며 요란스럽게 二층 층층 다리를 굴르며 올라온다.

김렬사는 더망서리지않었다. 벌떡이러나 창문을 열어제치고나와 二층 난간을 쏜살같이 달려가 붕어우물께로 나가는 행길 (아홉자폭이나되는길)을 사히에두고 있는 저쪽 집웅으로 훌쩍 건너뛰여 삽분내려 쭈루루 집웅을 타고가드니 집웅끝에 가서 아래로 내려뛴채 흔적을 감추고말었다. 박갓 행길에 서는 동리사람들 길가는사람들이 형사대가 습격한 것을 보려고 멀리 각가 히섯는데 써ㅡ커스의 곡예같은 김렬사의 엄청난 뛰엄질을 보고는 모다 신기하기도하고 통쾌하게도 역였었다.

86

형사대측으로서는 예비검속을 하러왔으니 김렬사만 동반하여갔으면 고만

일것인데 김렬사의 행동은 무슨 상치않은 비밀과 복선이 있는것같이 뵈어 기

위 김렬사를 놓쳤을바에야 가택수색이라도 철저히해보자고 二층각방으로 드

러와 삿삿치 뒤지기시작하였다. 그들은 웃층 맨끝방 김렬사가 기밀실로 쓰

고있는 방에서 벽의구조가 괴이함을 발견하고 조사해보니 겉으로 슬적보면

은 모르겠는데 자세히보니 벽장구조가 되여있다 「야ㅡ그것」 하고 벽장을 열

고 차례차례 그속에든 물건을 꺼내는데 무슨 장부(帳簿) 뭉치도 나오고 酈

라 인쇄뭉치도 나오고 사진이 나오고 권총케스가 나오고하는데 이것들은 형

사들눈으로 보면 의외의 큰 노다지 발견이었다. 활판으로 곱게박힌 酈라는

곧 암살단 취지서로서 ― 二十四일 (즉내일) 미국 의원단을 마지하여 환영하는

도중 총독부 왜인고관을 위시하여 친일반역자 악질경관등의 일대암살을 도

모한다」는 것이요 장부뭉치는 암살단 명부로서 김상옥 김동순을 위시하여

각대장 오장 단원등의 명부로 사진은 상해림시정부요인들의 사진과 그저께

88

서대운 이운기가 상반신을 벗고 박힌 사진이었다. 여기까지 조사한 형사대들은 되려 자기네편이 아연하여 말문이 막힐정도였다. 그래서 그들중 몇형사를 본서로 급파하여 김상옥이 도주한것과 二층방 벽장에서 나온 중대문서등을 전하고 응원형사들을 파견하여 주위일대를 엄격하게 단속할것을 요청하였다.

【 한훈피검 】 한훈은 상해로부터 비밀히 가지고 드려온 무기를 일조유사시에 쓰랴고 각처에 엄밀히 놓아두었든것이었다. 군산(群山) 金炳淳 에게 폭탄二개 모젤권총十 자루 대전(大田) 윤희병(尹希炳) 에게 총十자루 서울낙원동 안소사(安召史) 에게 총五자루 경성역운송점에 가장하여 맞겨둔 폭탄五개 모젤권총十자루 자기가 모젤권총 四자루를 휴대하였든것이었다. 그러고 미국의원단이 경성역에 도착할 때 변복으로 나타날작정으로 경시(警視)복장 네벌 태극기와미국기 합처 二백개를 미리만들어 두었든것이었다.

이리하여 한훈의 결사대준비는 다완료되였든터이었다.

89

이리한 한훈은 二十二일낮에 김렬사를 만나 무기를 전달할것을 약속하고

밤늦게 갓우물 숙소로 도라와 그부인 (유응두) 와 여섯살된 아들 세택을

앞에 안처놓고 십전자리 백동전 한푼을 주머이에서 꺼내여 아들앞으로 때

그르르 구을어주며 얼골에 큰 결심을하는 표정을 띄우면서 부인에게

『여보 이 아히나 잘길너주오 그리고 이후 나를 차즈랴면 경성역에서 차

즐날이 있을것이오 나를 찾거든 목이나 배어 어느곳에 파무더 두엇다가

자식이나 크거든 알여주오』 하고 어린아들의 머리를 어르만지었다.

이튼날 二十三일 열시경 한훈은 어저게 김상옥동지에게 약속한 무기전달

을 하려고 철물상웃층 동춘루 (東春樓) 로 올라가는 어구로 썩드러섯다. 한훈

이 도착한 것은 어제 약속한 시간보다 약간 늦인편이다. 한훈은 주위공기를

삼일 겨를도없이 드러서자마자

『짜장면 있소 한그릇 주시요』 하고 이층 층々다리를 밟엇다. 물론 그는

이것이 함정인줄은 몰랏기때문이었다. 그러나 벌서 때는 늦엇다. 층층다리

90

밑에 숨었든 형사 四五명이 올라가는 한훈의 궁둥이를 별안간 떠밧이니 한훈은 공중에떠서 한번 저항할 겨를도없이 앞뒤에서 달려드는 七八명의 경관들에게 뭇기여 몸수색을 당하는데 「이것은 또무엇!」 「모젤 콜트 부로닝」의 최신식 권총 세자루가 튀여나오며 그우에도 탄환 三백발이 쏟아저 나오지않은가? 형사대들 이번에는 공포심까지 생기는모양이었다. 한훈은 그대로 묶기여 동대문서로 가버렸다.

【서대순과이운기의탈주】 서대순 이운기가 김렬사에게 와서 무기를 받을 시간도 바로 이때이다. 그들은 훈련원쪽에서 만나 긴장한 표정으로 서로 인사하고 오관수다리를 건너 개천가에 이르니 웬영문인지 낫서른 사람들이 개천가를 배회하고 있고 붕어우물께와서 김렬사의 요리집(뒷창문을 보니 신호가 이상하여 분명히 사고가 난듯하였다. 그신호라는것은 다른것이 아니고 二층 김렬사가 거처하는방 남쪽두문이 다열었으면 김렬사가 있는것이고 다닫첫으면 없다는 표식이고 그렇지않고 하나가 열리고 하나가 닫첫

다든지 혹 불규측하면 반듯이 사고가 있다는 표식인것이다。서대순이 바라보니 한쪽문은 반쯤 달치고 한쪽문은 홱 여러제친것이도 저히 정상적인 것이 아니어서 서대순은 이운기에게 슬적 눈짓하고 그옆 선술집으로 끌고드러와

「이집에 골탄 세돈 갓다준것이 월이가 넘엇는데 올때마다 식그러우니 웬일인가?」

혼자 중얼거리며 막걸리 五전짜리 한 잔식을 마시고는 일금 十전야를 끄네주고 되도라서 오관수다리께로 오니

괴상한 거지같은 친구들이 쪼차오며 휘각을 불고 신호를 한다. 서대순은 이운기를 꾹찌르며

『이것 틀렷네 뛰세』 하고 둘이서 훈련원 장춘단쪽으로 뛰었다. 잠시 뛰다 도라보니 따로오든 친구들이 없어저 뛰기를 중지하고 천천히 거러서 장충단 산속으로 드러가며 반듯이 무슨일이 생긴모양인데 김렬사가 무사한지? 한훈은 과연 어떻게 되었을지 궁금하며 이야기를 주고받으며 잠시 동대문쪽을 보고 섰었다.

【김렬사의은신】 한편 집웅에서 뛰여내린 김렬사는 숙질간처럼 지내든 김광욱이네 골방으로 은신하고 있었다. 김광욱부인은 친족하처럼 김렬사를 사랑할뿐아니라 평소부터 나라를 위해서 심신을 돌보지않는 김렬사의 열성에 감동한바 있는지라 김렬사가 조급한 표정으로 뛰여내린것을 보고 무슨 위급한 사태가 발생되었음을 직감하고 김렬사에겐 아모말도 뭇지않고 골방으로 드러가라고 안내하고는 골방문을 일부러 반쯤여러 의심을 품지안케하

93

고 자기는 빨래를 계속하였다. 때마침 삼복의 더위임으로 김광욱부인은 다시 한술더떠 웃통을 벗고 마당가운데 엎드려 빨래를 하고있엇다. 김렬사를 찾으려 미친개처럼 혈안이된 형사들이 샅샅치 뒤여오든판이라 이집이라고 빼놀리가 없엇다. 김광욱집에도 다른집과 마창가지로 주인을 찾는버릇도 없이 왈칵 대문을 열고보니 젊은부인이 웃통을 벗고 땀을 흘리며 빨래에 경황이 없다 김씨부인 깜짝 놀라며 「에그머니」 하고 고함을 치니 형사들도 무안하였든지 「미안합니다」 하고 되려 물러난다. 뒤에 따라오든 형사들 그중에도 직업의식을 놓치않고 재빠르게 안방 골방 대청등을 훌터보았으나 모다 열린채로 있어 아모 혐의를 둘곳이 없고 무안하기도하여 모조리 물러가고 말었다.

김광욱부인은 자기의 행동이 잘되었음에 스스로 만족하야 오정때 드리온 남편에게 대강 이야기하고 남편으로하여금 김렬사의 아우 김춘원에게 김렬사가 자기집 골방에 숨어있다는것을 알게하였다. 춘원은 다시 이것을 장형수에게 알려서 어떠케 구해낼도리가 없느냐고 상의하였다。 아츰 아홉시반경 부터 이곳일대를 둘러쌓고 집집을 샅샅치 뒤지든 형사대들은 김상옥은 아모 래도 이곳에서 탈출햇나보다고 판단하고 오후 석점이후에는 차츰 신당정신 설동 청량리방면으로 수사망을 옴겨갔다。

김렬사의 형수 박씨는 이름을 타서 자기의 치마 저고리 한벌식을 가지 고와서 김렬사에게 입히고 머 리에 장옷을 씨워 완전히 녀인으로 변장식힌다음 집으로 도라와또다시 형 군복장으로 변장하고 농 수와 같이 초교다리를 건너고 오정목을 지나 전우신집으로 가버렸다。

95

형수는 김렬사를 데려다 맛긴후 안심하고 도라갔는데 형수가 가버린후 김렬사는 혼자 가만히 방에 누어 생각을하니 기가 막혔다. 남아 일생일대의 사업이 이처럼 허무하게 문허지고말다니 한훈은 잡혓을망정 서대순 이운기등 집 총대원은 어찌되었으며 또 김동순은 어찌되었는지? 아니 그들은 분명코 안 잡혓을것이다. 그러면 래일일은 예정대로 진행될수 있는것이다. 쌓우지않고 무기를 버린다는것은 가장 비겁한 패장의 짓이다. 그렇타면 정세를 알아보리라 하고 김렬사는 곧 전우진을 불러

『본정 이두영상점 (이운기가 거처하는 병장수집) 으로 곧 달려가 서대순 이운기가 어떻게 되었나보고 아직 안잡혔거든 나도 아직 안잡혔다는 것을 전하고 내일게획은 그대로 진행할것이나 우선 가지고있는 무기만을 휴대하고 내일아츰 여섯시까지 세부란스병원 뒤산에서 만나자고 전하여주게』

하고 당부하고 자기는 따로 김동순을 만나러 가기로하고 잠시 여러가지 임시 응변책을 생각하였다. 그러나 조곰있다가 도라온전우진의 말에의하면 거

리 거리에 순경이 느러서서 길가는사람을 조사하고 어마어마하게 경계를 하고 있어 나가지않는것이 좋타고하야 그대로 방에 누어있자니 궁금증은 더하여지고 달은 차츰 중천에 떠서 마음산란한 김렬사는 좀처럼잠을 이루지못했었다.

十二 종묘앞사건

八월二十四일 미국의원단이 온다는날이 밝었다. 김렬사의 암살단을 위시하야 국내 각층각게에서 여러가지의미로 고대하든날 국제사절이 조선실정을 조사한다고 서울에 내릴 바로 그날이다. 서대순 이운기등 집총대들은 엇저녁의 전우진의 전언으로 김렬사가 아직도 잡히지않었다는것 김동순도 안잡혔다는것을 알엇을뿐아니라 예정대로 거사를 할터이니 아침 다섯시부터 여섯시사이에 세부란스병원 뒤산턱에서 만나자는것등을 알었다. 그들은 김렬사의 부탁대로 아츰 껑껌할때 이러나 새벽밥을 식혀먹고 다섯시부터 예약의 장소에 나와 기달였다. 오늘 순조롭게 자기네들의 계획이 진행된다면 우리

97

나라 독립에도 큰영향이 있을것이라고 믿었기때문에 그들의 마음은 대단 긴장되여 있었다. 튀기면 울려질 거문고의 줄같었다. 여섯시반에 역에 닫는다는 미국의원단을 환영하기위하야 역에 몰리는 군중의 웅성거리는 모습을 삷이면서 그들은 김렬사가 나타나기를 안타갑게 기달였다. 어서와서 오늘일을 분담하고 협력하여주엇으면 하였건만 다섯시반이 지나고 여섯시 정각이 지나도 오지않었다. 서대순 이운기는 어제밤 전우진이 다녀간 그후에 무슨 일이 생기지나 않었나하고 차츰 걱정이 되었다. 十분 二十분이 다시 지낫다.

김렬사는 아마도 오지못하나보다고 단념하지않을수 없었다. 그들은 오늘 계획은 자기들도 이미 아는바이니 자기들끼리라도 고대로 실행하자고 상의하고 바지쓰봉 호주머니에다가 바둑돌을 한웅큼식 집어넣고 군중이 모여선 역광장으로 내려와 귀빈대합실이 마조보이는 곳에 끼여섰다.

이윽고 봉천서 오는 급행열차가 푸랏트폼에 닫는다. 모다들 四十여명이나 된다는 미국의원들의 낮서른 모습이 나타나기를 고대하고 있었다. 그러나

98

키키코 코뿌족한 손님들은 나타나지 않었었다 『웬일일가? 다른 여객등은 다 내리는데』 하고 서대순은 이운기를 보고 궁금스럽게 말하여보았으나 피차에 모르기는 마창가지었다. 얼마를 지난후 여객들이 거의다 나렸을무렵 역대합실 마이크가 전하기를

『여러분! 미국의원단을 환영하는 여러분게 죄송합니다. 사신은 급한 사건이 돌발하야 미국의원 일행은 어제밤 갑작히 봉천출발을 중지햇습니다. 널리 양해하시고 도라가주시기 바람니다.』

중대사건이 돌발햇다는것은 아마도 어제 자기네들 암살단 일부단원이 체포되어 오늘 소요가 이리날것을 알엇슴이 아닐가? 여러가지 생각에 골몰하면서 서대순 이운기등은 승겁기만한 오늘일에 맥이 풀린채 서대문으로 빠지면서 아까 쓰봉호주머니에 넣어 일단 유사시 전초전으로 쓰랴햇든 바둑돌을 꺼내 길가에 팽개처버렸다. 그후에 그들이 탐지하여 안일이지만 二十三일까지 잡힌 동지단원들 수효는 해외동지 七명 국내동지 五명 도합

99

열두명이 잽혓든것이다.

김렬사는 이때 벌서 무내미 김숙집으로 탈출하야 숨어 있을때었다. 김렬사는 전우진의 집을 나오면서 (역시 여인으로 변장하고)

『서대순 이운기를 보거든 경게가 심하여 빠저나갈수없어 미안하게되었 는것과 자기는 먼저 상해로 가겠으니 뒤를 따르겠거든 오라』고 전우진 에게 분부하고 미아리고개를 넘어서 무내미로 향하였든것이다.

그후 약두주일동안 김렬사는 밤이되면 문안으로 드러와 김동순등과 만나서 앞으로 자기네들이 취할 태도를 의론하였다. 만일 이대로 심한 경게가 계속된다면 이이상 더활동할수도 없고 머지않아 피신할곳도 없게생겼으 니 일단 만주나 상해등지로 피하였다가 기회를 보아 다시 입경하자고 합의 되어 각각 여비를 주선하기위한 활동을 시작하였다. 그러다가 김동순과 갓 가운 동지 이돈구 (李敦九) 의 소개로 부호 이모를 맞나 일금 만원을 융통하 여 받기로하고 九월十일 오후 일곱시경 종묘문턱에서 만나기로되었다. 김

100

렬사는 九일밤 김동순에게 이소식을 듯고 반가워하였다. 그리고 十일에는 약

속한 시간과 장소를 대여가느라고 분주히 서들러 하오여섯시 五十분경 술

라골 어구에서 김동순을 만낫다. 김동순은 이날 모시두루마기에 힌맥고모

를 쓰고 나어린 활량처럼 깨끗이 채렸는데 웬일인지 얼골이 흐리고 기분이

좋지않은것같이 보였다. 『어데가 불편하오』 김렬사가 뭇는말에 『별로 불

편한데도 없는데 기분이 좋치안쿠려』 하고 대답하였다. 김렬사는 우스면서

『지옥 중에도 총알지옥을 굴러다니는게 우리신세가 아니요 기분쯤 움직여서

야 되겠소』 하고 빨리 가자고 재촉하야 종묘동편 돌담을 끼고 분주히 걸었다

물론 둘이다 권총을 가졌었다. 김렬사의 마음에는 이렇게 둘이서 나서면 사

지에 빠저도 능히 사러나올 자신이 있은듯하야 김동순의 동작을 그다지 대

수롭게 보지않었었다.

순라골목을 도라 나오면서 보니 웬 지게꾼이 세명 저편에 앉엇을뿐 종묘

문턱에서 만나자고하든 이씨는 보이지않엇다 김동순은 시간이 못되었나하고

모시 족기안에든 회중시계를 꺼내보니 여섯시오분이다. 시계를 다시 호주머니에 넣다가 무심코 옆을 처다보니 웬 저기들이 五六명 자기를 힐끔힐끔보면서 중얼거린다. 그리치않어도 기분이 나뿌든 김동순은 더욱 기분이 나뻐 그대로 성큼성큼 종묘정문 문턱을 발벗다. 김렬사는 첫눈에 직각 이낯서른 지게꾼과 거지들이 형사들인줄 알엇으며 돈을 준다는 이씨가 형사들과 사전에 연락을 취햇든지 그렇지않으면 형사들이 이씨를 먼저 취조하야 자기들이 오기를 기달리고 있엇음을 간파할수있었다. 김렬사는 김동순을 쌓고 돌며 다소 거리를 두고 종묘쪽으로 나가는 어구로 돌았다. 바로 이때이다 김동순이 종묘 대문을 드러가든중 안에서 우둥퉁 뛰여나오는 걸인이 있어 성큼 뒤로 물러서며 권총을 빼랴할제 전후좌우에서 二十七八명이 달려드러 김동순을 포박하였다.

『앗차!.』 김렬사는 후회하며 곧 권총자루를 한손으로 잡고 김동순이 저항하야 몇놈 지버처서 간격만 띄워주면 당장 몇놈 쏘아 거꾸러트리고 뛰

102

여드러가 김동순을 구원하라 하였으나 웬일인지 김동순은 아모 저항도없이 얼골이 파라케 질린채 그대로 묶기고 있다. 김렬사는 숨을 씩은덕거리며 분함을 참을수없엇으나 저같이 뭉처있는데다가 발사를 할수가 없었다. 더구나 김동순이 그한가운데 있을바에야…… 벌서 몇형사들은 따로 김렬사의 뒤로 돈다. 김렬사는 이를 눈치채자 「이놈들 오기만 오라」 하고 소리치며 권총을 끄내여 공중으로 한방 터트리며 슬적 뒤골목으로 피하니 더쪼차오 는 형사들이 없었다.

김렬사는 분하였다. 김동순을 이렇게 손쉽게 묶여보낼줄은 몰랐고 더구나 이모라고하는 작자에게 돈언는다고 이렇게 감씨같이 속은것이 분하였다. 김 렬사는 혹시나 기회가 없을가하고 김동순이 길가다가라도 조곰이라도 기회 를 만드러주면하고 먼거리를 두고 골목골목 피하면서 묵겨가는 김동순을 따라 돈화문까지 왔었으나 마침내 큰행길로 나와버리고 김동순을 탈취할 기회 는 없었다.

103

一三 상해로 망명

김동순이 잡혀간후 남은 동지들도 하나식 둘식 거의다 잡혀갔다. 서대순은 집을 나온지 보름후 가족들에게 마지막 인사를 하고 여비를 돌려 상해로 가라고 야반 두시경 잠간 집에들려 시장한김에 밤참을 먹고있다가 잡혀가고 이운기는 가족들에게 작별하고 나오다가 혹시 자기때문에 다른가족이 고생하면 안되겠다고 다시 드러가 위로하다가 잡히고 신화수는 어머니 병환을 보려고 고향에 내려갔다가 八월二十六일 고성경찰서원에게 각각 체포되었다. 또 윤익중은 수원구국민대 정보제공사건으로 수원으로 검속되었다가 일단 석방하는 동시에 다시 체포되야 서울로 잡혀왔다.

김렬사는 외로웟다. 동지일동을 다 이저버리고 김동순마자 손끝하나 건드려보지도못하고 왜인경찰에 넘기고보니 자기가 얼마나 무력한가를 새삼스럽게 늦기지않을수가 없었다. 시외 十여리나 떠러진 무내미에 혹은 록본이에

숨어있다가도 가끔 불현듯이 화가 치밀면 백주에도 또는 야반에도 서울시

내 도처에 나타나 미친사람처럼 쏘다니며 복수의염을 품엇다.

진실로 김렬사를 무서워하게된것도 이때부터였다. 몇가지예를 드러보면

(一) 달밤에 동소문 성문안에 드러오는데 비상경계의 의무를 다하는 한

순경이 김렬사의 몸을 뒤지려 하였다. 김렬사는 슬적햇으면 하고 순경하

는대로 맛기여 두었드니 고지식한 순경 김렬사의 몸을 수색하다가 필경

김렬사가 가진 권총을 더듬어 빼스려하였다. 김렬사 화가 벌컥 치미러

「이자식아」 하고 소리치며 바른손을 휘돌르니 어느새 권총은 발사되였

고 순경은 쓸어져버렸다. 김렬사 성큼 성벽으로 뛰여올라 성북동 혜화동

사이로 있대인 성벽을 나는듯이 달려가다가 삼청동뒤 솔숲사이로 사라져

버렸다.

(二) 초가을 초승달이 서대문밖 애우개의 큰고개에 밝었는데 마찰를 타

고가는 김렬사를 형사 다섯명이 추격하여왔다 김렬사 무심고 머리를

105

돌려보니 서대문서 형사들이 자기를 추격하여 오는중이였다. 김렬사는 하

어이가 없다는듯이 앙천대소하며

『이미욱한 자식들아 나를 누구로아니 올테면 와보아라 마차우에서 그대로

쏘아 백발백중 너이놈들을 모조리 죽여버릴터이다.』

하고 고함치니 다섯형사들 염라대왕에 사로잡기나한듯이 다토아 언덕밑에

업드려 숨을 죽여버렸다.

(三) 오후 다섯시경 어둠이 밀물처럼 퍼저갈때 광화문 네거리를 지나

청게천 하수도에 이르럿을때이다. 저편에서 종로서의 악귀(惡鬼)라고

하는 고바야시(小林) 형사 두달전에 김렬사를 구치감에서 몹시고문하든 친

구가 거러온다.

『흥 자식 경찰서 구치감에서는 아귀노릇을 하드라만 여기서도 아귀노릇

을활가?』

김렬사의 중얼거리는 소리가 채끝이기도전에 형사는 벌서 『악—』 비명을

106

질르고 쓰러져버렸다。 김렬사 권총을 빨리 집어넣고 몰여드는 군중을 피

하야 하수도 않으로 펀듯 피하야버렸다。 두어시간쯤 지난후 하수도에서

불쑥 나타나 길우로 올라서니 때마침 그곳을 배회하며 파수를 보고섰돈

형사 기겁질색하야 도망하듯이 피하야버렸다。

(四) 九월하순 아침볕이 유난히 정다울때 (오전열시경) 김렬사 술래골로하

야 종묘를 나가랴할도중 동대문서의 두형사와 마조첫다。 김렬사 일부러

큰기침을하고 머리르 들며 모자를 뒤로 재치니 의외의 대면에 경풍이 나

듯이 두형서 안색이 샛놀해지며 슬금슬금 뒷거름질을 치다가 막우 도망

질……

이렇게 신출귀몰 석달동안을 서울각처에서 소요를 이르키니 김렬사는 서

울 사부경찰서 서원에게 특히 고등게 형사들에게는 죽엄의 사신처럼 보였

다。 경찰의 특별지명수배인으로서 형사들마다 김렬사의 사진을 주어 김렬사

의 얼골을 모르는형사는 없을지경이었지만 행여 자기들의게 김의사를 잡으

107

라는 명령이 나릴가바 질겁을 하였으며 어쩌다 파수보라는 지령이 있을듯한 눈치만 보여도 서로 꽁무니를 빼려고 가진 구실을 다만드러내곤하였다. 왜인 경관들은 김렬사를 평하야 『몬지같은놈』 이라 하였고 혹은 『유령같은놈』 이라고 부르기도 하였다.

그러나 김렬사 자신의 심경인즉 날이 갈수록 쓸쓸한 회포를 참을수가 없었다。 가을이 깊어저 북한산에 단풍이 빨갛게 물드니 더구나 외롭고 처량하여졌다。 동지들은 다 ― 경찰에 보내여 잔악한 형벌을 받게하고 자기만 혼자 남어서 평안하다는것이 심이 민망하였고 또 가족들은 가족대로 혹독한 고초를 겪게하니 어떻타 괴로운 회포를 말할수가 없었다。 동지들이 가 있는 경찰서 유치장을 파괴하야 구원해볼 계략을 궁리해보기도하고 조선 착취의 아성인 총독부에 폭탄을 묻어 쾅하고 시원스럽게 날려버려 이저주의 마굴을 부서버릴 계획도 하여보았으나 그러나 그것은 모다 자기 하나의 힘으로는 이룰수없는 당낭거철의 꿈에 지나지않었고 독립달성이라는 거대한

108

목표를 위하여는 적은 발악에 지나지않는것이었다. 그리하야 그는 마침내 뜻을 결하고 十월금음날 보통이 하나를 들고 권총 한자루를 안호주머니에 숨긴채 마음. 내키지않는 발거름을 옴겨 북쪽 낯서른 이역을 향하야 표표히 망명의 길을 떠났다

一四 독서와련무

외롭고 가난한 한망명객으로 김렬사가 상해에 나타난것은 그해 늦은가을 이었다. 일직이 혁신공보의 동지 박로영 김봉신이 와서 큰실망을 겪고 방향 전환을 요청하든 바로 그곳 동서각국민족들이 번거롭게 서성거리는 동양의 마도이다.

김렬사는 별노 아는 친구도 없고 찾을래야 찾아볼 혁명선배도 없엇다. 다만 여기 림정의 젊은 요인의 하나인 조소앙 (趙素昻)은 한 六년전에 자기 가 손수만든 힌말총모자 세개를 선사하고 자기의 우국지정을 이야기해본

일이 있어 히미한 기억이라도 더드머 이야기한다면 혹시 자기를 알른지도 모르겠다는 그정도였다. 때마츰 조소앙은 구라파에 임정사절 (使節) 로 갓다가 도라온내이라 구라파소식도 듯고 또 자기의 일에대한 상의도할겸 겸 사겸사하야 볼조게 신민리 효풍의원 (新民里 曉風醫院) 에 기거하든 조소앙을 찾엇다. 소앙은 의외로 김렬사를 잘기억하고 반갑게 맞어주었다. 고국을 떠나 이역에 온지 월 동안 누구하나 아는사람도 없엇는데 자기를 반갑게 맞어 주며 환담할수있는것만하야도 김렬사에게는 여간 기쁨이 아니었다. 그들은 마조 대면하고 앉어서 국내소식으로부터 구라파정세 이야기를 대략 주고 받은다음 정말 본론으로 드러가 김렬사는 그동안 자긔들이 국내에서 암살 단을 조직하야 미국의원단이 오는것을 게기로 조선착취의아성인 총독부의 마굴을 뒤집어엎고 일인고관 및 이에아첨하는 간사한무리들을 일대숙청하야 전세계의 여론을 이르키라다가 실패한 전말을 자세히 설명하였다. 조소앙은 미국의원단이 조선을 통과할때 국내에 무슨 사건이 있을것이라는 이

110

야기를 구라파에 갓다온후 림정모요인에게 들은일은 있었지만 젊은 동지들이 이렇게 씩씩하게 싸웠다는 사실은 처음듯는것으로 그는 이야기를 듯는동안 여러번 주먹이 쥐여지고 힘이 쓰여짐을 스스로 늣길정도였다. 그래서 이야기를 다듯고난다음

『아—수고했소. 국내 젊을동지들중에 그렇게 열열한분들이 게신것을 모르다니 큰죄를 지였소』

하며 김렬사의 손을 힘끝 잡고 흔들며 미안하다는 말을 연발하였다. 그리고 밖그로 나가 자기 호주머니를 터러 중국포—즈(호떡)을 사다가 둘이서 감식하였다. (후에 안일이지만 김렬사는 그때까지 사흘동안이나 굶고있었는것이다.

그후 김렬사는 양수포(楊樹浦)에서 방을 하나 빌려서 지나며 조석으로 소앙을 찾어와 이야기하고 시세토론을 하고 또한 중국지사들에게 소개를받어 의견을 교환하는동안 김렬사는 차츰 내외정세에 동요하게되었다

111

이동안 김렬사는 각금 서울생활을 회상하였다. 아침저녁으로 일제경관들이 쪼차다니든것을 생각하면 생각만하여도 소름이 끼칠정도였고 말한마디를 해도 좌고우폐 도라보며 짓거려야하고 동지들에게 신문지한장을 돌려도 피해다녀야하든 생할 왜인들에대한 무수한 강박관념에 쫓기우든 노예근성의 생활과 지금의 상해생활과를 비교하여볼때 그것은 마치 천라의 그물을 버서나온 큰새처럼 혹은 개천에서 대양에나온 배처럼 자유스러운 하늘과 바다에 떴음을 알수있었다. 김렬사는 이같은 하늘이 제공한 자유에 쌓여 앞날의 히망 또한 원대하여졌슴을 스스로 늦길수가 있었다.

첫째 그는 림시정부라는것과 그중에있는 요인들의 인물을 알엇고 다음 동서양의 신사상이 교충하는 넓은 무대에와서 각국지사들과 흉금을 터러놓고 사귈수도 있어 스스로 스케일이 커감을 늣길수 있섯고 동시에 히망에 넘처 어릴때부터의 소원이든 미국유학의 의욕도 불현듯이 다시소사나 차츰 독서에 열중할수있었고 또한편 어느때 어느곳에서도 잊어서는 안될 연무

112

(鍊武)를 게을리하지 않았다.

즉 김렬사의 독서에 대한 성의는 놀라울 정도로 나타나 많은 책을 읽었는데 이것은 김렬사의 전생애를 통하야 특기할만한 수문(修文)의 시대로써 이때 읽은 책으로는 삼민주의(三民主義) 오권헌법(五權憲法) 국제노동운동개요(國除勞動運動槪要) 자본론입문(資本論入門) 근대과학과무정부주의(近代科學과無政府主義) 아국혁명기(我國革命記) 조선혁명선언급한살임정강(朝鮮革命宣言及韓薩任政鋼) 등이었다. 그뿐아니라 때々로 각국지사들의 토론대회에 나가 혁명에대한 소감을 진술하야 갈채를 받기도하고 또한 여러선배들과 론쟁이 버러지면 입에 거품을 먹음고 몇시간이고 격론을 게속하였었다. 이리하야 김렬사는 차츰 혁명에대한 확고한 자기신념을 가지게되었으니 그때부터 그의 일거일동은 단순한 의협(義狹)이나 본능적인 동정심의 발로가 아니고 사상의 밋뿌리에서 소사나오는 신념의 실현이었다. 그가 국내에 있을때에는 대김렬사의 연무라는것이 특별한것이 아니었다.

113

장간에서 쇠망치를 드는것이었고 여기와서는 헌신문지를 양편에 두둑히 깔

고 그가운데 앉어 두주먹으로 신문지를 두들기며 다지는것이었다. 하로는

조소앙이 우수며

「김동지 그게 무슨짓이요」

하고 물엇드니 김렬사는 빙그레 우스며

「내 연무요 팔심을 똑바르게 가져야 일조유사시에 왜놈들과 싸울것아니요」

하고 대답하며 여전히 게속하는데 이렇게 이틀동안만하면 신문지뭉치가

풀솜처럼 되고마는것이었다.

또 가끔 «리벌버크럽 » 이라는 사격장에가서 사격연습을 하는데 (그집주

인이 미국색시었다) 일곱방을 쏘면 중앙흑점에 명중하는것이 두어점은 틀림

없고 남어지도 중앙에서 그려진원에 제二선을 넘어가는법이 없었다. 그래서

주인아씨 탄복하면서

「베리굿…베리굿…」 하며 칭찬을 거듭하고 자기집에 김렬사만 나타나면

114

지나친 정도로 친절하게하고 호의를 보이기도 하였다.

그러나 가난한 살림사리만 여기나 저기나 피차 일반이였다. 김렬사는 방한간에 四원이건만 방세를줄 돈이 없어 겨우 들엇든집에서 한달을 살엇을뿐. 쫓겨나다싶이 나와 조소앙집을 비롯한 여러동지들 집에와서 번가러 자지않을수없엇고 또 중국돈 일각이면 큰호떡을 사먹을수있었지만 그것을 살돈마저 떠러저 두끼세끼를 굶기를 예사로하였다. 거기다가 림시정부를 엿보는 반동분자들의 조량이 심하야 김렬사의 정의감으로 볼

115

때 불쾌하기 짝이 없었다. 그래서 김렬사는 자기의 힘으로 이따위 악질분자를 일망타진하겠다고 선배인 이시영(李始榮) 등에게 상의한 일도 있었다. 그때 이시영은 『살패공(殺漏公) 이면 기무패공(旣無漏公) 이라』는 옛글을 인용하야 타국에 와서 동족상살은 아예 말나고 간곡히 만류하였든것이다.

이래저래 불쾌한일이 날마다 접종하고 또 림시정부의 재정적곤란은 더욱 심하여져 조소앙 조완구 김원봉등 제동지들의 우울한 표정을 보기가 딱하였는데 그때 마치 고향아우로부터 길게쓴 편지가 왔다. 그편지내용은 김렬사의 유일한 녀자동지 장규동(張圭童)의 병세가 중하다는것과 혁신단동지중 윤익중 신화수 서대순등이 나왔으니 한번 다녀가라는 편지가 왔다. 그리고 암살단에 관련되여 공관된 사람의 이름도 비로소 알엇는데 그 편지에 적인 동지들의 이름을 적어보면 한훈(韓焄) 서대순(徐大順) 이운기(李雲基) 신화수(申華秀) 김화룡(金華龍) 최석기(崔錫基) 유학주(兪鶴柱) 윤상보(尹祥普) 김형규(金衡圭) 이근영(李根榮) 윤기중(尹奇重) 김동순(金

116

東淳) 이돈구(李敦九) 조만식(趙晩植) 명제세(明濟世) 최영만(崔英漫) 유인원(柳潭元) 윤익중(尹益重) 서병철(徐丙轍) 김태원(金泰源) 박문용(朴文鎔) 등 수물한명이었다. 중요한 멤버는 물론이요 외곽단체에서 일하든 동지들도 의외로 만히 잡혔든것도 비로소 알었다.

김렬사는 이편지를 보고 일부동지들이 나왔다는 소식이 반갑기도하고 한편 사랑하는 녀자동지 장규동이가 자기로 말미아마 혹독한 고문을 받고 그로인하야 병이난후 병세가 점점 악화하여저 중태인모양이니 측은하기도하야 불현듯 고향에 다녀오고싶은 생각이 낫다. 그리고 겸하야 림정재건의 지금이라도 약간 국내에서 어들수있다면하고 리시영 조소앙등의 동지와 상의하고 국내요인들에게보내는 소개장을 받는한편 약간의 무기와 탄약을 융통받어 신유년(申酉) 七월초순 가벼운 마음으로 서울을 향하야 떠났다.

一五 첫번귀국

117

일제의 경찰이란 비겁하기가 짝이 없는 것이었다. 죄진 당사자를 잡지 못하면 그분풀이를 그 가족들 특히 아녀자에게 하였다. 김렬사가 상해로 피신한후 그 가족들이 겪은 고난이란 형언할수가 없는것으로 七월하순경 상해에서 돌아온 김렬사가 그 아우 춘원으로부터 이 정경을 듣고 분함을 금할수가 없었다. 당장에 좇아가 걸리는대로 쏘아죽이고싶은 충동을 오래도록 진정시키지 못하였었다.

김렬사가 상해로 들어간 직후 작년 十二월달이었다. 형사대 한때가 오더니 김렬사의 집을 비롯하여 김렬사 삼형제 집을 뒤죽박죽으로 뒤저허트리고는 된것 안된것을 증거품이라고 보퉁이에다 싼후 김렬사의 어머니 누이 본처 형수 춘원 동지녀자 장영숙등 무려 十여명을 태우고 종로서로 끌고가 유치장에 넣었었다. 그리고는 돌여가면서 뭇매질을 하고 김렬사의 행방을 대라는 것이었다. 보통이 하나만 들고 밤중에 떠나갔슴을 안뿐이지 그가 만주로 갔는지 서베리아로 갓는지 일본으로 갓는지 가족들이 알배아니었다.

118

그렇것만 형사들은 모른다고 대답하면 어이가 없어 대답을 못하면 대답을 않는다고해서 때리는 구실을 삼고 모라세는 구실을 삼아 함부로 갈기고 물을메기고하야 원죄인보다 더심하게 형벌 하였다. 그중에서도 아즉도 스므네살밖에 안되는 김렬사의 녀동지 (女同志) 장규동에대한 문초가 재일심하혔엇다.

『너는 김상옥의 동지이고 작은집이지 남편의 사랑을 더받엇슬것이니 말하라 김상옥이가 어디로갓는지 네게만은 일느고 갓을것이다』라고 추근추근히 뭇고 캐고 고문하였다. 다른 가족들이 모른다는것을 이 장규동이에게서 기어코 불게 하라는 심산인듯 하였다. 장규동은 모른다고 거절하면 거절할때마다 형벌을 심하게하여 내종에는 빨가베껴 끌고다니고 거꾸로 매달아 함부로 때리기까지 하였다. 그러나 장규동은 끝까지 굴하지않고 비겁한 표정은 손톱만치도 보이지않었었다.

【 어머니의옥중항쟁 】 이에 제일 불쾌한 것은 김렬사의 어머니였다. 김렬사

119

의 어머니는 본시 둘째아들 상옥이는 어릴때부터 엄청난 모험을 좋와했고 또 년에와서는 혁신공보니 무어니하야 위태러운짓을 하고있음을 잘알었다.

그러나 그렇타고해서 김렬사의 하는일이 전혀 도리에 어근난 일이라고 생각지않았다. 아니 도리어 이땅의 젊은 사내자식이라면 응당 해야할 옳은 일을 하고있다고 못내 자랑스럽게 여기기까지 하였든것이다. 다만 어머니된 정의로서 아들의 신변에 위험이 없기를 바라기 때문에 적극적으로 원조하지 못하였을뿐이었다. 그러든중 지난봄 김렬사를 잡아다가 가진악형을 다하야 월여를 눕게하니 그의가슴속에는 왜인들 경찰에대한 뺄수없는 원한의못이 박히었었다.

이번일만 하드래도 김렬사 당사자를 놓쳤으면 놓쳤지 가족들은 웨 잡아다가 못살게굴며 더구나 죄없는 여자들을 괴롭게구는지 왜인형사놈들의 하는 짓이란 괘씸하기 짝이없었다. 그러더니 그들은 마침내 장기동을 뺄가베껴 끌고다니고 거꾸로 달고 매질하는등 인간으로서는 도저히 할수없는 아귀의

120

만행을 하였든것이다. 김렬사의 어머니는 이사실을 알자 경각에 얼골이 새

파랗게 질리고 전신을 와들와들 떨면서 극도로 치미러오는 분노를 진정식힐

바를 몰났었다. 유치장이고 경찰서이고를 가릴것없이 미친사람처럼 고함처

왜인형사 놈들의 하는짓을 힐난하였다.

이 놈들 너이 놈들은 안해도 없고 누이동생도 없느냐 죄없는 어린여자들

이나 잡아다가 화푸리를 하는것이 왜구 너이놈들의 풍속이냐 김상옥이가

죄를 지었으면 죄를지었지 우리에게 무슨 죄가 있단말이냐 비겁한 놈들

이놈들…… 화푸리를 남에게하는 비루한놈들 이놈들……」 하고 무

서웁게 꾸지젓다. 그리고는 사흘동안을 아모것도 먹지않고 계속하야 야단첫

든것이다. 왜인형사들 처음에는 『우루사이야쯔 히도이베니 아와스소 (구찬은

자식 경을 치울테다)」 하고 김렬사의 어머니를 불러내여 문초하랴하였으나

이때 늙은 로인이요 분해하는것이 당연하기도하여 또 사흘동안이나 먹지않어

잘못 고문하다가는 큰화를 이를거같기도하야 『시요가나이 바바다 (할수없

121

는 로파다」 하고 그 대로 돌려보내고 돌려보내고 하였다. 그러나 김렬사 어머니의 기세는 조곰도 변함이 없었다. 그만치 선천적으로 월등한 건강과 굳은 의지를 가졌든것이다.

형사들이 문초한 또하나의 꼬투리는 김렬사가 쓰라든 폭탄두개가 증거품으로 나왔는데 이것을 무내미에서 전우진(全宇鎭) 집으로 운반한 것이 누구며 전우진집에서 김렬사의 집으로 가져온것이 누구냐고 대라는것이었다. 형사들은 처음 김렬사의 모친에게 물으라 하였으나 김렬사의 모친에게는 벌서 기세가 꺾기여 물을수도 없고 무러야 도리혀·욕만 먹을것임으로 그다음 큰며누리와 김렬사의 본처와 누이들을 상대로 문초하야 증거를 잡으라 하였다.

『전우진집에서 폭탄을 가져온것이 당신이라지?』

하고 형사들 난데없는 청천벽력같이 큰며누리(김렬사의 장형수)를 흘겨보고 유도심문을 걸었었다. 큰며누리 리씨는 이집메누리들중 제일 재치있고

122

말이 부드러워 인상이 좋은편이었다.

「누가 그래요 청천벽력도 분수가 있지 별소리를 다듯게는데요 대체 누가 그래요」

이편에서 도리히 저편에게 질문을 던졌다. 형사들 『당신네 시어머니가 그러지 누가 그래』 하고 또한번 넘겨짚어 누르랴 하였으나 어머니는 이어 미친사람처럼 화푸리를 하셔는중인데 그럴리가 만무하였다. 거짓말이라는것을 **빤**하게안 큰머느리는

「어머니가 망녕이시지 제가 언제가져와요 나모르는중에 어머니가 가져오신게지……」

큰며누리에서 꼬투리를 캐지못한 형사들 김렬사의 본처와 누이에게 또 유도심문을 거러보았으나 역시 단서를 잡을수가 없었다.

「그러면 당신네들이 상의하야 누가 가저온것을 말하기전에는 내놓지않을 것이니 그리아시요」 하고 단념하고 말었었든것이다.

123

그후 월여을 지난후일이다. 상해에서 온 김렬사의 편지를 조사하겠다고 왜인형사 한명과 조선인 형사 한명이 불의에 찾어들어왔을때이다. 때마침 김렬사의 모친은 변소간에 있었는데 형사들 둘이 들어온줄을 알자 김렬사모친은 급하게 이러서서 변소문을 덜커덩 요란스럽게 닷치고 나오드니 쏜살같이 두형사들게 달려드렀다.

「날 데리러 왔지? 당신이 내서방이지! 가치가자 가치가!」 하고 두형사중 왜인형사의 양복저고리를 붓들고 느러졌다. 그러지않어도 김렬사의 어머니라면 유치장때부터 어찌할수 없는판인데 이러고 달려드니 두형사들 하는수없어 드러오지도 못하고 뿌리치고 나가지도 못하고 엉거주춤하고 서 있었다.

「또어머니가 병이 이러나섯어」 하고 큰메누리 이씨가 어머니를 억지로 방으로 모시고 요를덮어 누여드리니 어머니는 요를 뒤집어쓰고 「호호호…호호……」 하고 깔깔대며 웃었다.

의외로 혼이난 두형사들 편지조사는 다음에 하겠노라고 도망하듯이나와

후ㅡ 한숨을쉬고 『아ㅡ 빅구리시다요 (아유 놀났어)』 하면서 가버렸다. 그때

부터 김렬사의 어머니는 무섭기만 할뿐아니라 실성기도 있다고 평판이되여

그후에는 검속하는법도 없고 무슨 조사할일이 있어도 미리 무서워하야 아

에 가까이 하지않었다. 김렬사의 어머니가 변소간에서 나와서한 행동은 왜

인형사들만보면 분하기도 하였지만 앞으로도 구찮은일이 종종 있을터이니

한번 이놈들이 오거든 톡톡히 망신을 뵈이라고 별르는 참이라 마침 잘걸였

다하고 한 가광증 (假狂症) 이었음은 물론이었다.

춘원 (春園) 은 김렬사의 유일한 사내동생이라 심심하면 불러다가 유치하

고 고문하고 김상옥 행방을 대라고 성화하야 일년동안 김렬사의 동지 장기

동 함께 병든사람처럼 야위였었다. 장규동은 고문당한이후 륵막염 (肋膜炎)

이되여 알코누어있었다.

만一년이 각가워 고향에 도라온 김렬사는 동지 장규동을 보고 참혹하기

125

도하고 분하기도하여 말문이 막히어었다. 김렬사의 부모형제의 권유도 있었지

만 김렬사 자신도 상해로 데리고 가겠다고 생각한다음 치밀어오는 울화를

진정시키는 동시에 군자금 변룡이라도 해볼가하고 서울에 도착한지 사흘후

에 삼남지방으로 떠낫다.

도중 김렬사는 장규동에대한 측은한 생각을 금할수가 없었다. 열아홉 어

린처여의 몸으로써 조국재건에대한 소사나는 정열을 참지못하야 자기의 사

업을 거들겠다고 맹서한 녀동지! 독립단비 수집이니 신문원조니하야 불철

주야 김렬사를 위하야 조고만 원조라도 애끼지않든 녀동지 그리고도 김렬

사의 주위에 엉켜지는 위협을 돌보아 경게하여주다가 급기야 김렬사가 망

명하야버린후 경찰에 잡히어 「너는 소실이니 동지이니 더잘알것이다」고 왼

갓 모욕과 학형을 받엇것만 행여 김렬사의 신변에 위험이 밋칠세라 끝까

지 굴하지 않고 자기를 희생식히며 김렬사의 비밀을 직혀주다가 마침내 병

드러 (륵막염) 누어버린 장규동이었다. 그를위해 자기는 과연무엇을 해왔을

가? 김렬사는 스스로 죄를진듯이 민망하고 눈앞에 애연한 장규동의 환상을

어이할 도리가 없었다.

『나를 상해로 데려다 주세요』

일년후에 맞는 김렬사를보고 반갑게 마지며 하소하는 장규동의 병든모습

…… 김렬사에게는 몹시도 앞은 상처처럼 늣겨지고 자기가 다하지못하였음에

가책을 늣겼었다. 김렬사는 같은동지의 누이로서 순진하고 아름답고 혁명

에대한 열열한 정열을 가진 장규동과는 二十八세봄에 동지로서 만났든 것

이었다.

김렬사는 충청 전라도의 몇몇곳을 빨리도라 그곳 지사들의 집을 방문하

고 림시정부 재건비로 약간식의 원조를 받은후 서울을 떠나온지 불과일주

일만에 총총히 서울로 도라왔다. 그리고 어머니에게 녀동지 장규동을 데리

고 곳떠날가하니 래일 록본이 김여죽 아저씨댁으로 데리다 주도록 부탁하

고 자기는 밤중에 몇몇동지들을 찾어보고 한거름 먼저 록본이 김여숙 아

저씨댁으로 갔다.

이튿날 김렬사의 어머니는 병드러 쇠약한 장규동을 데리고 천천히거러서 정오가 훨신지난뒤에 록본여 김여숙집으로 드러갔었다. 김렬사는 나가지않고 기달리고 있다가 안으로 마저드리고 곧 점심을 가져오게하야 셋이같이 한 상에서 먹었다. 그리고나서 술을 바더와 어머니에게 드리고 주인아주머니와 대작케하고 자기는 장규동동지와 함께 간단한 여장을 차리였다. 그리고 어머니에게 떠난다는것을 말하면 정에여린 어머니께서 울고섭섭해 하실터이니까 아모말도않고 가겠노라고 주인아주머니와 미리 약속한바 있음으로 살며시 뒷문으로 나와 장규동과함께 일산(一山)정거장으로 나왔다.

장규동은 아침부터 거러 몹시 피곤한듯하야 촌보를 옴기기가 힘드는것같었다. 김렬사는 처음에는 장규동을 부축하야 천천히 거렀것만 너머 지친듯하야 사람이 안보이는곳에선 각금 어린애기처럼 업고거러갔다. 장규동은 성다른김렬사에게 업히는것이 쑥스럽기도 하였지만 어린애처럼 동심으로 도라

128

가 김렬사와함께 웃고 이야기할수 있었다. 하야 해질무렵 일산역에서 기차를타고 북쪽으로달니는 차창을통하야 다시는 와볼넌지도 모르는 고향산천을 유심히 바라보앗섯다. 이날밤 여름달은 유달리 밝어 차창에 기대인 김렬사 장규동의 한많은 심사를 더욱더욱 자아내는 것이었다.

十六 김렬사와장규동의 상해생환과장규동의죽엄

상해양수포 (陽樹浦) 에서 세방를빌려서 혁명생활을시작하였다. 그것은 물논 가난하고구차한생활이었다. 이두 남녀동지의 구차하고 가난한 생활이지만 이따금 감주와 약식등 귀한음식을 만드러서는 혁명선배인 김구 (金九) 리시영 (李始榮) 등을 방문하고 밤이늦도록 고향소식 혹은 상해생활등의 이야기를하고 또 때로는 조소앙 (趙素昻) 김원봉 (金元鳳) 등의 동지를 마저다가 저역도 같이먹엇든 것이다.

고러나 장규동의 병세는 상해에온 이후로 쾌유하기는커녕 차츰 더욱 악화되어 륵막염으로부터 점차 폐침윤이되고 十二월말에 드러서부터는 기침이

심하여져 잠을잘자지못할 지경이되었다. 거기다가 가난은 날로더하여져 좋

은 약을 쓸수없음은 물론이요 끼니마저 제대로 끄릴수없게되니 장규동의 병

세는 날로더하여졌다.

김렬사는 민망한심정을 진정할바이없어 동지들을 차저가 돈을빌리기도하

고 고향아우에게 돈을융통해 보내달라고 루하 편지와 전보로 독촉하었섯다.

그러나 고향본가의 살림마저 궁핍일로 빠저드러가 곤란하다는 한차례 회

답이 있을뿐이었다. 十二월말이되여 겨울치위가 본격화하자 장규동의 병세는

더욱 심상치않어 김렬사는 마침내 고향어머니와 아우에게 「타국에 와서 장

규동의 불행을당한다면 피차에 할일이아니니 만일의 경우를 생각하야 봉천

까지 장규동를 데리고갈것이니 거기서부터는 집안가족중 누가 데리고가도록

하라고」편지를 써부첬다.

이편지의 회답은 비교적 빨리왔다. 그내용은 우선 백원을보내니 더치료하

다가 해동이나되면 오게하느것이 올치 이치위에 병든사람을 데리고 옴길수

가 있느냐는 것이었고 또 이후 돈은되는대로 五十원이고 六十원이고 보내겠으

니 장규동치료나 착실히하라는것이었다. 김렬사는 아우의 관대한 심정과 세

밀한 주의에 감사하고 그돈으로 장규동의 치료와 간호를 열심히하였다. 주

사도 놓고 한약도 다리는한편 영양분 섭취에 힘셋다. 그랫드니 一월달부터는

차츰 식욕도 회복되고 기침도 덜하여져 쾌유의 층세가 현저히 나타낫다. 본

세 폐병이란 잘먹고 편안하면 병에 좋고 겨울은 봄보다 낫다는 병자체의 생

리인지 장규동 병세는 훨신 퇴각한 편이었다.

一월이지나고 二월이 거이 지날때에는 장규동의 건강은 十중七八이 회복

된듯 얼골빛도 좋고 기침도 덜하여져 김렬사도 좋와햇고 장규동자신도 명랑

하여졌다.

그리든것이 四월달드러 꽃샘추위로 치운데도불구하고 겨울빨래를 하지않

을수없어 다소무리를하여 빨래를 하였드니 그길로 바로 열이나고 한기가 들

며 사지가 쑤시고앞어 대번 몸살로 누어버렸다. 열사흘동안 몹시 앓고난후

132

열은식엇것만 구미는 거이 떠러저버렸고 사지에 맥이줄어 거동할수가 없을
정도가 되드니 기침이 다시 나기시작하고 오후면 열이나고 밤이면 도한이
흘러 모욕한것처럼 요를 적시고 기침을하면 담에는 피발이 섞겨나왔다。이
같은 증세에 장규동자신도 당황하였고 김렬사는 한칭더 염여가되여 다시 열
심히 간호를 시작하였다。이렇게 알키를 三주일동안 계속하드니 五월十일날
밤 열한시 드디여 세상을 떠나고 말었다。

때마침 가는비가 부슬부슬 내려 이혁명투사 장규동을 조상하드시 전등불
에 비친 이방 유리창에 눈물처럼 눈물처럼 흘러내렸다。

김렬사는 홀로 장규동의 구더저가는 시체를 실신할것처럼 처다보고 있었
다。울어야좋을지 우서야좋을지 몸부림쳐야할지 아모의식도없는것처럼 벙어
리처럼 나무등결처럼 앉어 있을뿐이었다。

이튼날 이시영(李始榮) 조소앙(趙素昂) 윤기섭(尹琦燮) 조완구(趙琬九)
신익히(申翼熙) 등 동지들이 몽아 三일장을 지내기로하고 장례지낼 준비를

133

각각 분담하여 활동하였다。 오후 어느동지의 연락으로 김구씨로부터 따

양(중국돈) 백원의 조위금을 받어와 김렬사에게 전하며 관을사오라고 부탁

하였다。

밤중 김렬사는 따양百원을 지니고 관을사러 나갓은데 한시간쯤후 김렬사

가 도라오는것을 보니 관을 사들고오기는커영 七연발 모젤권총 한자루를 동

지들앞에 내놓으며 비장한 표정을하였을뿐 아모말이 없었다。 동지一동은 기

가막혔다。 김렬사의 이탈선생위를 이해할수가없어 규탄하는 말씨로

「여보 관이없으면 어떻게 할라오」 하고 물었다。

「할수없지요 그대로 갓다가묻지요」 김렬사의 대답은 간단하였다。

김렬사인들 사랑하는 동지를 저승에 보내며 관에 넣지도않고 그대로 갓다

가 묻고싶지는 않엇다。 그러나 일금百원야를 들고 관을사러 가는도중 김렬사

는 우연히 총집앞을 지나다가 〃쇼윈도〃우에 진열된 새권총을 보앗든것이

다。 길다란자루에 빛나는총구멍을 한창 처다보고있었다。 그러드니 김렬사는

『올치됐다』 하그 발을굴리며 부르지졌다.

『관을 살것이아니라 총을사자 사랑하든 내동지를 죽인것은 병마도 아니요 귀신도 아니다. 내동지를 죽인것은 실로 서울에 있는 일제의 경관들이다. 놈들을 죽여 갈갈이 찌저 동지의원수를 갚고말것이니 동지여 원망치말라. 그렇타 나는 관을살것이아니라 총을 사리라』

김렬사의 결심은 아모도 아는이가없었다. 동지들은 그의행동을 탈선이라고 단순히 해석하였을뿐이다. 그러나 관을사지않을수없어 윤기섭동지등은다시 가난한 자기네들의 주머니를 터러 이번에는 김렬사를 시키지않고 다른사람을시켜 관을 사오게하였다. 이튼날 (第三日) 동지일동과함께 김렬사는 장귀동동지의 시체를 영구차에 실고 보산로 (寶山路) 장지에 매장하였다. 사랑하는 동지를 이국땅에 무든 심장이란 단장의 슬음이 있었다. 장예가 끝난후도 김렬사는 좀처럼 무덤곁을 뜨지않고 무덤을 돌며 소리없이 눈물을 흘리고 무덤우의잔디를 밟어주고 밟어주고 하였다.

135

一七 둘재번귀국

【두가지의울분】 장규동지를 여인 김렬사의 심중은 구름낀 하늘처럼 우울하였다. 집으로 도라가 장규동이 쓰던 제반 살림사리를 대하는것은 아픈 상처를 건드리는것처럼 괴로워 김렬사는 마침내 양수포집을 팽겨치고 나와 다시 동지들의 집을 찾어다니는 유리걸식의 생활을 시작하였다. 그러나 집을 나왔대서 장규동지의 가련한 환상이 당장 김렬사의 눈앞에서 없어지는것은 아니였다. 동지의집에 홀로 누었을때 장규동과 같이 겪든 상해생활의 가진 고난의 기억이 영자막처럼 머리에 떠올라왔고 동시에 서울서 자기가 구치감에서 지긋지긋이 고문받든 기억과 또는 장규동이가 당햇다는 악독한 고문의 정경이 현장을 목도하는것처럼 선명히 눈앞에 나타나 그럴 때마다 김렬사는 흥분되었고 분하여 치가 떨리었든것이다.

『올치 이놈들 이개놈들 내가 도라가는날 네놈들을 모조리 죽여버릴테다」고 부르지겠다.

김렬사는 이럴때마다 벌떡 이러서 장규동의 관을 사오라다가 사온 「싸 ─ 창」권총을 꺼내여들고 일직이 자기의 수첩에 적혀있든 형사놈들의 한놈한 놈을 쏠 궁리와 연습을 하였다. 그러다가 기름무든 걸레를 찾어들고는 권총을 뜨더 각부분을 닥고 몬지를 씨서 깨끗이 소제하고 이리저리 총을 들고 검사하다가는 또다시 권총을 들고 쏘는것처럼 뒤돌리며 무수한 자기의 적들과 또는 장규동동지의 적들을 쏘는 시늉을 하였다. 그리고는 힘있게 마음속에 외첫다.

「가련한 지하의 동지야 내원수는 반듯이 내손으로 갚아 그의목을 네무덤 앞에 받칠터이니 원혼이여 설어말고 그날을 기다리라」고.

이때 상해림시정부에는 중대한 알록과 대립이 생겼다. 그것은 「아라사」에 서 비려온 림정재건비 사용을 쌓고도는 갈등인데 처음 七十만루블을 비러왔을때는 림정요인들도 모르는 동안에 중간에끼인 무리들이 소모하여버렸고 다시 두번째 二백만루블을 비러왔을때에는 정식으로 문제가 되어 토론회가 버러졌던것이다. 즉 림정정통파와 이를 반대하는 국민대회파로 갈리여 왈가왈부를 토론하였다. 그리하여 시사책진회라는 대회를 소집하여 아라사채판금을 합법적으로 쓰겠다는것이 국민대회파의 책략이었든것이다. 한편 정부파에서는 「림정재건에 쓰기위한 채관이요 륙전대 十만명을 양성하기위한고 빌려온돈을 이외의 어떠한 사사로운 목적에 쓴다는것은 절대로 용인할수없다. 만일 굳이 강압으로 이돈을 **빼**낸다면 정부파에서는 반역행위로 규정한다」는 주장이었다. 김렬사는 국민대회파의 모략을 심히 불쾌하게 여기고 만일의 경우에는 자기단독으로라도 국민대회파의파의 악당 몇몇을 처치하라고 생각하고 있었다. 그리든중 六월어느날 국민대회파에서 상해의 모극장을 빌려 대회를 소집하고 맹호단(猛虎團)이라는 청년단원들로 하여금 경호케하고 정부파 몇 명만을 초청하여다가 반강제로 결의를 통과식히려하였다. 이를 사전에 알게된 김렬사는 누구에게 상의할것도 없이 단독으로 회의장애 나

138

타나 드리러가랴하였으나 문을 모조리 닫어버려 드러갈 도리가 없었다. 김렬사는 문을 닫을건데 더욱 화가 치미러 「에잇 그러면」 하고 뛰어넘기로 하였다. 대여섯거름 달려가다가 훌렁 몸을 솟구처 담우에가 삽분 앉엇다가 다시뛰여 삽붓 내려섯다. 이만한 월장쯤이여 김렬사에게는 쉬운일이었다. 담을 넘어선 김렬사는 성큼성큼 거러 회장정문을 향하여 충충다리를 올라가랴하니 맹호단의 경위대들이 막으라고한다. 김렬사는 눈을 부르뜨고

『못비키겠니!』 한바탕 호령하고 손을 잡으려는 친구들을 떠밀처버리니 충충대에서 우둥퉁 떠러저 버렸다. 김렬사는 문을 덜컥 여러제치고 회장 한복판으로 드러가 중앙에가 덜컥 주저앉었다. 여러시선이 일시에 이괴상한 출현자에게 쏠였다. 그들은 일견 조선서 나온 혁신단두목 김상옥렬사임을 알었다. 그리고 김렬사가 절대적으로 림시정부를 옹호하는줄도 모다 잘알었다.

139

이로부터 회의공기는 더욱 긴장되어 금시 수라장이 버려질듯하드니 피차 결론도 얻지못하고 회의는 와해되고 말었다. 김렬사는 국민대회 일과들의 책략이 미워 모조리 처부실가하고 여러번 생각하였으나 앞서 이시영등의 선배들의 충고처럼 만리타국에 와서까지 동족상잔을 한다는것은 슲은일이기도 하려니와 민족전체의 체면을 오손하는것이 되겠기에 그대로 참기로하고 그대신 조선국내로 도라가 림정재건을 확책할 준비를 하기로하였다.

【귀환준비】 이때 서울에서 상해림시정부와 가장 밀접한 관계를 가지고 연락을 취하고 있든이는 김한(金翰)이었다. 김한은 일직이 상해림시정부의 법무국장으로 있었든 관계로 이시영 김원봉등과는 특별한 친분을 가졌섰다. 김한은 상해를 떠나 서울에 도라온후 무산자동맹(無産者同盟)에 가입하여 맹원(盟員)과 사괴는한편 일제전복의 혁명운동을 도모하고 있었다. 김렬사는 약산(若山＝김원봉(金元鳳)에게서 국내에 이러한 사람이 있다는 것을 듯고 그러면 그와 연락하여 국내동포들의 해이한 독립정신을 일깨우고 또 림시

140

정부 재건비용과 독립자금을 변통하여 보겠노라고 말하고 무기알선과 국내 지사들과의 연락서신등 일체를 약산에게 의뢰하였다. 약산은 종래 김렬사의 탁월한 지조와 투철한 실천력과 또 그담대하고도 효용한 동작이며 놀란만한 무술을 앗기고 있는만큼 김렬사와 이같은 서약을 하게됨을 기뻐하고 七月중순 서울에있는 김한에게 특사 이응명(李應明)을 보내여 불원간 상당한 수량의 폭탄을 보낼 터이니 그폭탄을 받거든 상해에서 파견한 김모라는이에게 교부하고 함께 노력하여 성공을 바란다는 서신을 보냈었다.

김한은 이소식을 듣고 자기의 활약할 시기가 왔음을 반갑게 생각하고 폭탄과 사람이 오기를 고대하면서 인사동(仁寺洞) 七번지에 여관업을하는 이수영(李遂榮) 집을 연락장소로 하겠이니 그리연락하여달라고 알렸다. 九월중순 약산은 다시 박선(朴善)이라는 사람을 김한에게 보내여 폭탄을 안동현까지 갖다두었은즉 한주일후에는 서울에 도착할것이라고 전하였다.

한편 김렬사는 十월상순경 약산에게서 권총 세자루와 탄약 五百발과 기타 연락문서를 받고 출발할 제반준비를 가추었다. 조소앙에게서도 국내 몇 동지들에게 전하는 소개장을 받았다. 또 신익히에게서도 그가 호신용으로 쓰고있던 권총 「뿌라니케」한 자루를 받었었다. 김렬사는 이를 어떻게 은밀히 국내에 반입할가 하고 여러가지로 궁리하다가 드디어 비단장사들이 지고 다니는 상자(箱子)를 만들어 상자가운데 선반을 질르고 아래에는 문서와 편지등속을 넣고 중간에는 권총과 탄약을 넣은다음 그우에 비단을 차근차근 쌓아 누가보든지 비단장사의 비단궤처럼 보이도록 하였다. 그리하여 十월중순 어느날석양 가을황혼의 땅검의와함께 영국상선을 타고 상해부두를 떠나 안동(安東)으로 향하였다.

이때 김렬사와 동반하야 같이 배을타고 온 것은 廿一세의 청년투사 안홍한(安弘翰)인데 안은 실전에 참가한 경험이 있고 제반행동이 비범하야 김렬사의 신임을 받든 청년이었다. 안과 둘이서 상선밑창에 나란히 자리를 잡고 김렬사는 안에서 서울형편을 대략 이야기하고 고국에 도라가서할 자

기들의 계획을 설명하였다. 선창밖게는 황해바다의 어둠이 칠묵처럼 짓텃

고 저멀리 고국하늘에는 무수한 별들이 빤작빤작 조을고 있엇다. 김렬사는

그동안 준비에 시달리기도 하였지만 심신이 다 피곤하였다. 그리고 고국으

로 향하는 이길이 웬일인지 다시못올 마지막길인듯 일종 쓸쓸한 감회가 가

을밤의 싸늘한 바다공기와 함께 쌀쌀하게 느껴졌다. 자정이 지나 선객들이

모다 쓰러져 누엇을때 김렬사도 피곤에 못이겨 앉은채로 깜박 잠이 드럿다.

머리를 끄덕이며 졸기시작하였다.

「여보 가지말어요 이번에 가면 당신의 신변이 위태롭소」

「그게 무슨소리요 망칙하게……」

김렬사는 번듯 눈을뜨니 분명코 자기의 녀동지 장규동이 나타나 자기에게

일러주는 말이요 자기가 장규동을 꾸짖든 꿈이었다.

「에―별놈의 꿈도 꾸었다」 김렬사는 약간 불쾌한듯이 이맛살을 찌푸렸다

잠시 눈을 깜빡이고 이것저것을 생각하다가 또다시 깜박 잠이드렀다.

143

「정말 가지말어요 이번에 가면 불길해요」

「에잇! 요망스럽게」

김렬사는 자기의 고함소리에 놀래 번듯깨니 또 죽은 장규동동지가 나타낫고 자기가 요망스럽다고 고함지르며 차버리다가 깨인 꿈이었다. 김렬사는 몹시 불쾌하였다. 호주머니를 뒤저 상해서 사넣고온 신문을 끄내 들었다. 신문을 들었건만 여러가지 생각이 꼬리를 물고나타나 좀처럼 읽어지지않았다. 곁에있는 안군은 코를골며 달게 자고있다. 배가 흔들리며 이따금 뚜ㅡ하고 기적을 울리는 소리를 여러번 듯고 있는동안 동창이 밝어지고 지루한 밤은 새였다.

안동 (安東)서 배를 내린것은 다음다음날 아츰이었다. 김렬사는 안군을 데리고 여관에 드러 잠시 피로를 풀고 조반을 같이 먹은다음 거리로 나왔다. 김렬사는 압록강 (鴨綠江)을 건너 신의주로 가기전에 몇가지 준비하지 않으면 안되였다. 첫재 여비를 좀더 변통해야 하겠고 다음은 신의주에서 서울까지 가려면 열차내에 이동경찰이 많음으로 그들의 주의를 피해야 구찮지 않을 것이였다. 그래서 김렬사는 의복(衣服)을 매매하는 뒷골목시장으로 와서 자기가 입고온 양복을 파러 조선바지 저고리를 사서 가려입고 중국식대님을 매고는 그우에 오바와 자주목도리를 감고 흡사 시골농군처럼 채렸다.

「이만하면 되었지?」 하고 수원 안군에게 조선옷으로 변장한 자기모습을 보이고는 여비를 마련하기위하야 끄내온 비단(궤짝에서 꺼낸것) 두어가지를 파러 돈으로 박구었다. 준비래야 이이상 더할것도없어 김렬사는 안군을 식켜서 서울까지 차표 두장을 끄어오라고 부탁하고 자기는 한거름앞서 여관으로 도라갔다.

그날밤 김렬사는 안군과함께 차를타고 압록강을 건너 경의선(京義線) 열차 한자리를 차지하고 남으로 남으로 향하였다. 일년전에는 바로 이차를 타고 알는 장규동동지와함께 고국을 떠날때 차창의달을 우러러보고 감개무

량하든 그길이요 그연선이었건만 일년후인 오늘에는 사랑하던 장규동은 이미 고인이되엇고 자기는 딴사명과 목적을 가지고 다시 고국으로 도라옴을 생각하면 기구한것도 인생이요 또한 변천무쌍한것도 인생이라고 하지않을수 없었다.

지난 일년동안에는 실로 많은 변천을 겪어왔건만 앞으로 오는 일년동안은 또한 어떻한 변천을 가저올것인지? 김렬사는 안개같은 여수에 잠겨 아무것도 안보이는 차창밖을 멍하니 바라보며 기실은 환상 (幻想)의 꼬리를잡고 지난날을 회고하고 있었든것이다. 三一운동=그것은 피끌른 민족의 함성이었다. 혁신공보=어린정열을 외통 쏘든 정열의 우결이었다. 암 단=울분의 화산 터지지못한 화산이었다. 상해망명=고난과 싸운 시련의 역사 장규동 지=가련하게 사러진 락화한송이 일제경찰=많은 애국지사들의 살을 찟든 놈들……

생각이 이에미치자 김렬사는 「음-」하고 이를 악물고 『두고보자 이놈들

146

야만의 표본 같은 이놈들 탄압과 학살과 착취의 응결인 죄의 화신 이놈들 역사가 무심한가 안한가 두고보자」고 혼자서 무서웁게 안색을 변하면서 주먹을 불근쥐고 주위를 흘겨보며 무엇을 노리는 것은 마치 「우두통 탕하고 번개만치면 금시 우박같은 폭우가 내려쏘칠듯한 폭풍우직전의 증세를 보이는 것같아었다. 그리고는 다시 「보자 이놈들 이번에는 단판씨름을 하고말터이니 너이놈들 목숨이 온전한가 내목숨이 온전한가 두고보자」고 먼저보다 더 힘살궂개 미친사람처럼 중얼거려 잠든 열차안의 공기를 흔드는 것이었다.

【일산역하차】 십이월 一일 안동을 떠나온지 만스물네시간이 지낫을 때 (오후네시경) 경의선열차가 일산(一山) 역에 다었다. 김렬사는 안군을 데리고 여기서 일단내려 서울에는 오늘밤 거러드러가는것이 옳겠다고 일산역에서 내려 록본이로가서 숙부 김완식(金完植)씨댁에 들려 저녁을 어더먹고 빨리 서둘러 무학재고개를 넘어 령천 서대문으로하야 종로 네온싸인불빛을 뚤고나와

147

제일먼저 찾은 것이 인의동(仁義洞) 五十一번지에사는 동지 전우진의 집이었다. 전우진은 김렬사를 보고 깜짝놀라며

『이게웬일이시요 상해에서 지금 오시는길이요 아이고 벌서 三년만이군요』

『반갑소 정말 오래간만이요 그런데 내가 동지 한분을 데리고왔으니 어디 방을하나 치워주오 자세한 이야기는 내종에 하기로합시다』

전우진은 빨리 서둘러 가족들에게 건너방을 치우게하고 김렬사와 그수원을 모서드리고 오바 두루마기를 벗고 편하게 앉으라고 권하고 더운물을 대야에 떠다놓고 거러오시느라고 피로하실터이니 발을 먼저 씻도록 권하였다. 김렬사와 안홍한은 주인이 권하는대로 발을 씻고 양말을 가라신은후 따스한 아래목에 앉어서 다리를 뻗으니 정말 고향에온듯 안도의감이 떠도랏다. 김렬사는 전우진에게 그동안 겪어온 이야기를 대략 전하고 앞으로 자기가할 중대사명에 대하야 기회있을때마다 자세히 이야기 하겠으니 적극적으로 협력하여 주기를 바란다는것과 우선 무기와 탄약 가저온것을 책임지

148

고 보관하여 달라고 부탁하였다.

김렬사는 그길로 바로 이러서 동대문밖 본가로 향하였다. 어머니를 뵙고

그동안 자기 때문에 겪으신 고초에대하야 위로의 말슴이라도 드리고 또 자

칫하면 최후가될지도 모르므로 가족들이나 상면하야 마지막 대면이라도 하

야두자는 심사였다. 김렬사는 낯익은 대문을 밀고드러가 마루에 걸터앉으며

작년에 왔을때와 같이

「어머니 주무시요」 하고 기침하며 불렀다 어머니는 자리에 누엇다가 직

각 김렬사의 목소리를 아러듯고 문을열고 깜짝 반가워하며

「아이고 이애야 무엇하러완니?」 하였다. 반갑게 맛는다는 말소리가 되려

원망의 소리가 되었다. 밤낮 무엇에 쫓기우는것처럼 아들걱정에 떨고있는

어머니로서는 맛나기전에는 맛나기만하면 왼갓 궁금증을 다푸러보리라 하였

건만 만나고보니 겁이 먼저 낫고 아들이 잡혀가는것부터 염여가되어

「이애야 잡혀가 죽으려고 왓니?」 하였다 김렬사는 어머니의 복잡한 심

정을 날새게 삶이고

「어머니 아모걱정도 마십시요 어머니께서는 그동안 얼마나 고생을 하셨읍
니까」

「내야 어떻게니만 네가 또잡혀 가지나 않을지 염여가 앞서는구나」

「글세 제걱정은 마세요 저는 죽어도 관게치않고 사려도 관게치않을 몸입
니다」

「이애야 네가 죽어서 쓰겠니 사려야지」

「어머니……」 김렬사는 잠시 말문이 막혔다가 침착하게 그러나 대담하게

말을 계속하였다.

「어머니 이번에는 아조 단판씨름을 하러왔읍니다 마지막 보는줄 아십시요」

「이애야 네가 미쳤니? 어떻게 해서라도 사려야지 네처자는 어떻게 할작

정이냐」

「태용어머 (태용=김렬사의장남) 어디있오 잠간 대면이라도 해야겠읍니다 마

150

지막이 될지도 모르닛가」

어머니는 분주히 골방으로 건너가 둘째며느리를 불러왔다. 김렬사는 잠시

아모 말도 없이 자기 부인을 처다보다가

「내가 없는 후에라도 자식들이나 잘 길러주시요」

김렬사의 부인 정씨는 김렬사가 웬까닭으로 자기를 부르며 유언같은 소리

를 하는지 곡절을 몰라 아모 댓구도 없이 어리둥절 할뿐이었다.

「저애가 왜저럴가? 참 이애야 알튼 서대문 장규동(일명장귀동) 이는 어

떻게 되었니?」

「금년 五월에 죽었읍니다」

「원 저런⋯⋯」 어머니는 혀를 차며 딱해하시고 놀랜 표정이 보였나.

「서균이(김렬사의녀동생)는 어디가 삽니까」

「결혼한후 삼판통에 가서 살지 남편도 잘낫고 수입도 상당하야 자미있게

사느니라 집에 올때마다 네이야기를 무르니 이번에는 꼭한번 찾어 보려무나」

151

「글세요 한번 찾어보아여겠읍니다 그집 번지 모르시겠읍니까」

「번지는 모르겠다만 길은 안다 래일이라도 나와같이 가잣구나」

「그러면 다시 오겠읍니다」

「아니 이애 방에도 안드러오고 이밤중에 어디로 갈터이냐」

「집에서 들키면 먼저처럼 가족들을 못살게굴터이니까 나가겠읍니다」

「……………………」

김렬사는 성큼 대문을 열고 어둠속으로 나가버렸다. 어머니와 며누리는 말문이 막킨채로 김렬사가 사라진쪽의 어둠을 한참 바라보고 있다가 문을 닫고는

「세상도 기구하기도 하고나 내자식 내남편을 방에 드려세우지도 못해야 옳탄말이냐……」 하고 어머니는 탄식하며 시름없이 자리우에 앉는다 며누리도 하염없이 앉었다.

어머니는 담배대에 담배를 담어 뻑금뻑금 담배만 피우고 며누리는 며누

152

리대로 또한 아모말이없이 그대로 고개를 숙이고 몰내 눈물을 흘였다.

一八 서대순을찾다

그동안 서대순은 암살단 사건으로 검속된지 三년만에 三년징역 언도를 받엇다. 그리고 미건구류 二년十개월을 통산하야 二개월 체형만을 받고 나왔는데 출감해보니 자기의 가족들은 사방으로 흐트저버렸고 김렬사의 집도 몰락하여버려 생활정도가 말이 아니었다. 서대순은 우울하여지고 쓸쓸한 회포에 앞이 캄캄하여젓다. 그러나 생계는 있어야겠고……두루두루 생각하다가 소학교에 있을때 가깝게 지내든 일인훈도 노다(野田)을 찾었었다. 노다는 소학교훈도를 그만두고 나와 학교 교재(教材)의 표본을 만드는 회사를 경영하고 있었다. 그는 서대순의 인품과 성의를 앗기든 사람이라 서대순의 입장을 대단 동정하야

『나로서야 무슨 미움(憎)을 갔겠오 우리회사에와서 같이 일합시다』하고

153

손을 잡고 흔연히 맞어 주었다. 서대순은 이런경우에는 차라리 일인과함께 있는 것이 되려 말성이 없을듯하야 노다의 회사에 명색 취직이라고하야 기거를 회사집앞에서 하게되었다. 이렇게하야 이미 반년이 지난 어느날밤 의외에도 김상옥이 찾아온것이다.

김렬사는 어제밤 늦게서야 자기집에서 전우진집으로 되도라와 전우진으로부터 서대순이 근무하는집을 무러 다음날밤 열시경 서대순을 찾었다. 검정바지 저고리우에 오바를 입고 중국식 벙거지모자를 푹 눌러쓰고 드러오는 김렬사는 흡사히 시골사람 같어보였다. 서대순은 이의외의 진객에 깜짝놀라며 반가워하였다.

『김선생 이게웬일이요 다시는 못만날줄 알었는데 역시 만났구료 그래 지금 상해서 나오시는길이요 집으로 다녀오는길이요 좌우간 드러오십시오』

『드러가도 괜찮겠소』

『물론이지요 서대순방에 김상옥씨가 드러와 나뿔 것 무엇있오 어서 드러오십시요」

김렬사를 아래목으로 앉게한후 서대순은 얼른 밖으로 나와 중국요리와

빼주한병을 중국인에게 들리고 드러왔다.

「참으로 오래간만이요 우선 술이나 한잔 들고 피곤하시지 않거든 오늘밤

그동안소식이나 들려주십시요」

김렬사는 서대순이 권하는대로 술을 몇잔 들고나서 그동안에 겪거온 해

외풍상을 대략 이야기하고 또 서대순으로부터 국내동지들의 근황을 대략

들엇다 윤익중과 신화수는 복역후 각각 고향으로 내려갓고 정설교는 휘문

중학교에 그대로 다니고 한훈 김동순등은 아직도 복역중에 있다고 전하야

주었다.

「내가 동지들에게 못할일 많이했소」

「천만에 지금까지는 혁명운동에대한 연습정도였지요 앞으로 기회가 있으

면 정말 실패없는 독립투쟁을 해보자고 우리는 옥중에서 루루 맹서하였

155

소 그까짓고생쯤으로 혁명가의 투쟁생활을 끄친대서야 말이됩니가」

서대순은 여전히 무인다운 씩씩한 기상 그대로였다. 김렬사는 기뻤다 동지의 절개가 참대와같이 더욱 푸르러졌슴이 더욱 기뻣다. 『실상은……』

김렬사는 잠시 말을 멈추고 긴장한 빛을 띠우며 『마지막 단판씨름을 하러 왔소」 하고 힘차게 말하고 서대순의 얼골을 정시하였다. 김렬사는 이번에 상해에서 도라온 사명과 목적을 서대순에게 자세히 설명하고 일단 유사시에는 번저와같이 일하여달라고 부탁하였다 막다른 골목에 다다르면 다다를수록 억눌이면 억눌일수록 억세게 반발하여나오는 그들의 혁명정신이야말로 불사신의넋 그것이었다. 그들은 다시한번 손과손을 마조잡고 힘차게 언약하였었다. 어느덧 밤三경도 지나고 날샐무렵이 가까워온듯 밖앗치 히미하게 밝어질 때 그때에서야 둘이서 잠이 들엇다.

이튼날 김렬사와 서대순이 잠을 깬것은 아홉시 갓가워 출근시간이 다된후였다. 서대순은 그때서야 김렬사를 밖으로 내보낼수도 없고 그렇타고 다

른 사람들이 많이 드나드는 방에 있게할수도 없어 한계교를 생각하고 불편하

드라도 오늘 저녁때까지만 참으시라고 서로 웃으며 약속하였다。

그계교(計巧)라는것은 二층으로 올라가는 층층다리 밑헤다가 큰궤짝을

엎어 놓고 급하게 못질하여 만든 급조창고(急造倉庫)에다 김렬사를 드러가

게한후 오후 사원들이 퇴근할때까지 은신하라는 것이었다。 김렬사는 약속대

로 서대순이 갑작히만든 궤짝안으로 드러갔다。 그는 궤짝속에서 롱담삼어

『상해서 도라오자마자 유치장신세야?』하고 우섯다

『미안합니다』 서대순도 우스며 『그러나 서대순간수가 옆에 부터있는이상

청하신다면 사식쯤이야 염여없지요』 하였다。 서대순은 그창고옆에다 책상을

갓다대고앉어 사무를 보면서 각금 김렬사에게 불편하지않느냐고 문안을 디

렸다。 조고만 궤짝에서 옆으로 발을 뻗고누은 김렬사의 갑갑증이야 뭇지않

어도 알일이었다。 그러나 김렬사는 그럴때마다 『걱정말나』고 대답하였다。

그러다가 오후 세시경 서대순은 은행에 갈일이생겼다。 다른 사무원이라도

157

될일같으면 대리라도 보내겠는데 이건 천상 자기가 가지않으면 안될일이라 서대순은 김렬사에게 잠간 은행에 다녀오겠다고 말하고 충충히 은행으로 달려갓다. 은행사무는 회사예금을 찾어오는것인데 마침 예금에 담당사무원이 외출중이었다. 창고않에 드러있는 김렬사일이 궁금하기도하지만 그대로도 라올수도 없어 담당사무원이 도라오도록 기달리는동안 네시갓가워서야 겨우 저금을 찾어가지고 허둥지둥 도라왔다.

회사문을 급하게 열고 드러서니 웬일인지 회사직원들이 五 六명 서대순 책상옆 바로 김렬사가 자고있는 창고옆에 붙어서서 떠들석하였다. 서대순은 깜짝 놀라면서 웬영문이냐고 물었었다.

「이속에서 코고는소리가 들리니 웬일이요」 하고 회사원들은 서대순을 의심적스럽게 처다본다.

「앗차!」 김렬사가 답답하고 고단하여 저속에서 코를골며 잣구나하는 생각이 떠왔다. 그러나 그렇타고 시인할 수는 없는일이다. 서대수는 시치미를

딱떼고

「그게무슨말이요 쥐가 드러와 그러는 소리겠지요」 하고 부정하였다.

「아니 분명코 코고는 소리가 낫소 이속에서」

「쓸데없는소리 작작하시요 코고는 소리가 웨 그속에서 나겠오」

서대순은 정색을하고 크게 꾸지젓다. 그제서야 회사원들은 서대순의 위압에 눌려 자리로 도라갔다. 서대순은 계속하여 명령적으로 말하였다.

「다―덜 도라가시요 네시반 퇴근시간이되었소」

회사원들이 전부 퇴각한다음 서대순은 깔깔대고 우스며 창고안에다 대고

「여보 글쎄 그속에서 코를골고 자면 어떠커우」 하였다.

「고단하여 깜박 잠이 들엇든 모양이야」 김렬사의 웃는 목소리가 않에서

낫다. 서대순은 장도리를 가저와 창고에 박은 못을 빼라고 하였다. 「이것 잘안빠지는데」 못이잘 걸리지 않었다.

「가만있어 내가 않에서 조곰만 차면」 김렬사가 않에서 톡 톡 발로 두

159

어번차니 판자가 물러나오며 못이 솟앗다. 서대순은 장도리에 거러 쉽게 못을 빼고 판장을 뜨더 김렬사를 나오게 하였다. 꿰짝에서 하로동안 징역사리를 하고나온 김렬사는 서대순과 마조보고 우스면서 「그 유치장사리는 정말 못하겠는데……」 「김동지 정말좋은 경험을 얻으셨음니다 하하……」 다시 한바탕 우슴통이 버러지드니

「그런대 시장하지는 않소」

「유치장에 잇으면 더 시장한법이야」

서대순은 세수물을 떠다놓고 김렬사에게 세수를 하게하고 밧게나가 저녁을 식혀와 같이먹고 일곱시경 밖이 깜々하여진후 김렬사를 나가게하였다.

「그러면 또 몇일후 다시 만납시다」 약속하고 차디찬 겨울바람이 부는 한 길거리 전등불아래로 사라지는 김렬사의 뒤모습을 한참 처다보고 있었다.

이것이 김렬사와 서대순과의 마지막 상봉이 될줄은 피차 아모도 몰랏든것이다.

160

一九 거사준비

중대한 사명을 띄우고 온 김렬사에게는 조곰도 시간의여유가 없었다. 동분 서주하면서 거사준비를 해야하겠는데 무엇보다도 먼저 적당한 은신처가 없어 난처하였다。 동지들의 집을 이집저집 二三일식 기식을하면서 옛동지를 다시몰아 혼자손으로 다할수없는 여러가지 일에 원조를 받는수밖에 도리가 없었다。 즉 전우전을 식혀서 상해서 같이나온 수원 안흥한군을 정설교의 하숙집에 같이있도록하고 또 정선교로하여금 당시 동아일보 충남홍성 (忠南洪城) 지국장으로 가있든 윤익중 (尹益重) 과 경남고성 (慶南固城) 본고향에 가있는 신화수 (申華秀) 를 지급히 상경하도록 편지와전보로 연락케하고 또 진주진과 안홍한을 식켜 상해에서 이미 도착하였을 폭탄을 찾기위하여 무산 자동맹원 김한 (金翰) 을 수차 방문 하였다。

김렬사는 그동안 거처가 불안하여 여기저기 동지와 친척집에 二三일식

161

묵다가 연아봉(지금만리재) 이필수목사집으로 와서 잠시 묵어볼가 하였으나 역시 교인출입이 많어 맞당치않었다. 여러가지로 생각든끝에 전변 어머니에게 약속한 매부 고봉근(高奉根)의 집을 찾기로하고 집을 무러 논후 어머니에게 미리 연락하여두도록 부탁하고 十二月七日 석양에 고봉근의집을 찾었다. 고봉근의집은 남산밑 감나무밭사이에 이웃이라고는 두집밖게없는 외딴집으로 조용하기가 절간같고 사람의왕래가 번화하지않어 누가 왔다가도 소문이 날 염여가 없는곳이었다.

김렬사는 매부 고봉근과 초면인사를 하였다. 고봉근(二十五세)는 신언서판이 뚜렷하고 성미가 유순하며 말소리가 부드러서 김렬사는 매부의 첫인상이 대단 좋았고 거기다가 오래간만에 맛난 누이동생의 따스한 환대(歡待)가 고마워 당분간 은신하기에는 가장 좋은곳이라고 생각하였다. 그래서 매부 내외에게 상해로 다시 도라갈때까지 당분간 여기서 머물럿다가 가겠노라고 부탁하니 매부내외역시 반갑게 맞어 얼마든지 계시라고하고 곧 건

162

너 방을 치게 하고는 불을 따스하게 때어 김렬사의 거처로 쓰게하였다.

김렬사는 매부내외의 따사한 정에쌓여 오래간만에 가정생활의 오붓한 정서를 맛보며 여기에온지 이틀동안은 외출도 하지않고 푹신히 쉬여 상해서 나온 여로의 피곤함을 그제서야 씨슨듯하였다.

다음 사흘째되는날 낮 김렬사는 뒤산〈南山〉에 올라 그부근의 지리를 대략 삶이고 밤 아홉시쯤되어 완전히 어두어진후 조선옷에 오바를 걸처입고 중국식 모자밑에 자주빛 목도리를 감어 안동현서 차리고온 그식대로 꾸미고 문간으로 나왔다. 이날부터 김렬사는 매일밤 정각 아홉시에 나가 자정이 지난후 한시 두시경에 도라오는데 그 시간을 어기지않는품은 마치 회사에 출근하는 사원들처럼 어김이 없엇다. 매부내외는 그시간이되면

「이제 출근시간이 되었읍니다. 또 바라다 드려야지요」하고 우섯든것이다.

고봉근은 김렬사가 외출할때와 집에 도라올때에는 반듯이 맞고바래고 하였든것이다. 그것은 고봉근의 김렬사에대한 호의도 있었겠지만 김렬사로서는

163

고봉근을 五十보쯤 앞세고 가는 것은 보초 (步초)를 세운듯이 든든하고 만일의 경우에는 자기신변에 닥쳐올 위험성을 미리 피할 수 있는 기회를 주는 것이었다. 매일밤 김렬사는 고봉근을 五十보쯤 혹은 七八十보쯤 앞세우고 나가고 드러오고하였다. 그러나 김렬사의 거름은 보통사람보다는 배는 빨러 처음에는 고봉근이 앞섰지만 목적지에 도달할때에는 으레 김렬사가 四五분 빨럿다.

「어디로 오셧기에 나도모르게 빈번히 앞서오시요」하고 고봉근이 물으면 「남앞에 설라면 슬히 비켜오든지 밭길로 빠지든지 해야지 알게오면 매부 다름질치게」 하고 웃는것이었다.

이렇게 김렬사는 매일밤 나다니며 동지를 만낫고 준비를 진행식혔섰다.

한편 윤익중은 정설교의 편지로 김렬사가 상해서 나왔다는것을 알고 몹시 반가웠는데 다시 「김렬사가 만나기를 희망하니 상경하라」는 전보를 받고는 불야불야 상경준비를 하고있을때 정설교가 급한 볼일로 홍성에 내려

164

왔다. 윤익중은 정으로부터 김렬사에대한 대략의 이야기를 듣고 같이 서둘러 볼일을 보고 정과함께 상경하여 즉시 효제동 이혜수집으로가서 김렬사에게 통지하고 그날밤 세동지가 오래간만에 한자리에 맞낫다. 그들은 지난 三년동안 쌓이고쌓인 정회를 밤 이슥도록 흠북 풀고 또 앞으로 실행할 중대사명에 여한 방법을 충분히 토의하였다. 그리하여 윤익중은 자금조달의 책무를 맡기로하고 우선 자기가 가지고온 약간의 금액을 제공한다음 다시 홍성(洪城)으로 내려와 토지 림야등을 분주히 정리하여 돈주변을 서둘럿다. 그리고 각금 인편이 있으면 김렬사와 연락하였는데 당시 광천학교(廣川)의 선생으로 있든 이혜수의 누이동생 이은영(李恩暎)이 동기방학으로 서울 큰언니의 집에 가는편에도 돈三백원과 편지를 전하였든것이다.

또한편 경남고성 고향에가있든 신화수가 정설교의 편지를 받고 상경한것은 윤익중이 다녀간지 한주일후이었다. 신화수는 전우진의집에서 김렬사와 만나 그동안에 겪은 피차의 생활을 자세히 이야기하고 앞으로 서울에 남어

165

다시 일하여달라」는 김렬사의 부탁에 응하였다. 그렇지않어도 신화수는 상경할랴고 하든차이라 당주동 十三번지 먼저있든 분경학원에 그대로 머물러 있게 되었다.

김렬사는 이렇게 시골에있는 동지들을 불러 거사를 분담하는한편 서울에 있는 옛날동지들을 모아 직접 행동대를 五六十명 선정하야 훈련케 하였다 그리하여 일단 거사시에는 먼저번 암살단 계획보다도 훨신 방대하고 철저하게 하여 당서의 재등(斎藤) 총독을 위시한 왜인고관은 물론 친일반역하는 조선인 관헌급경관들을 모조리 숙청하여버리고 관공청 관저등을 대거 불살르고 수도국 전화국 전기회사를 폭발 파괴한다음 애국군중을 동원 재편성하여 각 관공청 경찰서를 접수하는 일대 쿠데타를 단행하여 그야말로 단판씨름을 할 준비를 착착 진행시켯다.

그런데 웬일인지 이번거사에 가장 필요한 대형폭탄 (大型爆彈) 상해에서 이미 보냇다는 폭탄이 아직도 도착되지 않었다. 자기가 상해를 떠날때 약

166

산 (若山) 김원봉으로부터 벌서 안동 현까지는 갓다 놓앗다는 소식을 확실히 듯고 갓는데 김한은 여전히 안왔다고만 하였다. 김렬사는 이상하게 생각하고 관수동에 있는 무산자동맹 사무소로 자기가 즉접 찾어가 만나보고 힐책하듯이 폭탄건을 물엇으나 김한은 여전히 도착되지 않엇다고 하였다. 그후 상해서온 한동지를 만나 궁금한 사정을 아러보니 김한이 왜인경찰의 밀정으로 매수되어 개노릇을 한다는 소문이 들려 안동까지 갓다논 폭탄을 다시 되가저갓다는 것

167

이었다. 그런것을 모르고 날마다 고대한것을 생각하니 김렬사는 화가 머리 끝까지 치미러 김한을 증게처치하겠다고 주장하였다. 이에대하여

『중대한 일을 앞헤두고 김한이 하나쯤으로 말성이 되어서야 쓰겠오』 하고 윤인중 정설교등 옛동지들이 만류함으로 김렬사는 증게처치를 중지하였지만 거사의 푸란이 크게 변하지않을수없었다.

그러나 어떠한 형식으로든지 투쟁을 전개하지 않을수없었다. 그리하여 제일착으로 폭발된 사건이 유명한 종로서 폭탄사건이었다.

二〇 종로서에폭탄을던지다

바로 一월十二일 밤 여덟시십분이었다. 종로경찰서 서편 동일단(東一堂) 간판집 모퉁이 길에서 엇던사람인지 알수없는 복면청년하나이 경찰서 서편 창문을 향하여 폭탄한개를 던전는데 유리창에가 부다친 폭탄은 굉음알성 부근일대를 지진처럼 흔들고 폭발되었다. 폭탄이 명중한 것은 종로서 서편

사무실이었다. 유리창살에 마저 무서운게 폭발하는 바람에 유리창은 산산조

각으로 부서젓고 동시에 폭탄파편과 유리조각은 때마침 지나가든 매일신보

사원(每日新報社員) 다섯명과 기생한명 어린애 한명을 부케 하였든것이다。

이소동으로 말미아마 종로네거리 일때와 종로서 부근에는 졸지에 사람

들이 장속처럼 몽여드리 대소동이 이러낫음은 물론이요 종로서 서원들은

대경실색하여 잠시 아연하고 있을뿐이었다。얼마후에야 그들은 상관의 지

휘에 따라 폭탄이 터진 현장 유리창이 부서진 사무실을 조사하는한편 그

밑헤길에서 부상한 부상자 다섯명을 떠메고 드러가 응급치료를 가하였다。

때마침 지나가든 조선소년군 두명도 달려드러 부상사들 게 붕대를 감어주

었다。여기에 몽아든 군종들은 모다 무슨 폭탄 종로서 어디가 마저 어떻게

터전는지 궁금하여 수군수군 짓거렸으나 진상을 잘모르는것은 피차 일반

이었다。

사실인즉 김렬사가 一월十二일 아츰에 어머니에게 집에 비장히어둔 폭탄

169

을 무내미 외가로 가지고 오시도록 부탁한다음 자기는 무내미산기슭에가서 기대리고있었다. 그때마침 어머니가 가지고오는것을본 김렬사는 솔방울을던 저 알게한후 산으로드러가 그 폭탄을 받아가지고 어머니와 헤어졌었다. 김 렬사는 그폭탄의 효능도알 겸 자기의부하를식혀 종로서에 던지도록 하였든 것이었다.

이때 김렬사는 자기의 부화가 종로서에 폭탄을 던질 시간과 장소를 미리 알엇슴으로 그시간을 대여 실적을 조사하려고 윤익중과함께 구경군처럼 차 리고 종로로 나오는판이었다. 윤익중은 이대까지 이사길내막을 잘몰났었다.

마침 종로 기독교회관 갓가히 왔을때였다.

「쾅…」 하고 터지는 폭탄소리가 어떻게 요란스럽든지 김렬사는 예기하였 으면서도 깜짝놀라 멈칫 서지않을수없었다. 윤익중은 더욱 크게 놀래여 저 게 무슨소리냐고 물었다. 김렬사는 윤익중이 놀래는것을보고 우수면서 폭탄 터지는 소리라고 간단히 대답하였다. 그러나 대체 어디가 마저 무엇이 터젓

170

는지 궁금하였었다。 그래서 윤과함께 성큼성큼 뛰다십히 거러 종로네거리를 지나 종로서앞에 다달으니 군데군데 모아선 사람들이 수군거리는데 그들의 이야기소리로 대략의 경위는 알엇다。 어떤 청년이 종로서 서편창에다 폭탄 을 던졌는데 경찰서원에게는 피해가 없고 때마침 지나가든 통행인 六七명이 부상하였다는 것을 알엇다。 김렬사는 예측한것보다는 다소 성과가 걱었으나 그만하면 되었다고 빙그레 우섯다。 장안 한복판 종로경찰서에 폭탄을 던젓 다는 이미증유의 사실만으로도 효과는 百퍼-센트라고 하였다。

그러나 조곰전 『쾅―』 하고 폭탄이 터질 때 직각적으로 그의머리를 스처간 것은 『이제부터는 정말 위험지대로 드러와 사선(死線)에 섰고나』 하는 생 각이였다。 이사건에대하야 경찰에서는 반듯이 대대적인 범인수색을 시작할 터이니 그렇게되면 응당 『김상옥의 잠입여부』 가 문제가 된것임으로서였 다。 폭탄이 터진 현장에 당도하여보니 과연 군중들의 이야기한바와 다름이 없 었다。 산산히 부서진 유리창이 처참하였고 길우에는 부상하였다는 사람들의

171

피흔적이 점점이 보였다. 경관들은 밀려오는 군중을 제지하기에 골몰하였었다. 김렬사는 혹시 자기의 얼골을 아는 경관들과 마조칠 염여도 있어 윤익중을 끌고 얼른 뒷골목으로 드러섯다.

「그것참 통쾌하오 장안 한복판 경찰서에 폭탄을 던진다는 것은 아마도 전대미군이 아닐가요?」

「글세요 통쾌하기는 합니다만 그다지 큰성과는 없구면요」

김렬사와 윤익중은 총총히 거러서 그길로 당주동 신화수가 있는 불경학원으로 찾어갓다. 하로밤 피신겸 이후의 대책을 셋이서 의론하자는 것이었다. 종로에서 당주동에 이르는동안 김렬사는 비로소 윤익중에게 종로서사건의 경위를 이야기하였다. 그리고 『미리 알려도 좋지만 이런 건이란 거사전에 서로 기밀을 지키는게 도리이기때문이었다』 고 말하였다. 윤익중은 놀랍기도하고 또한편 통쾌하기도하였다.

불경학원 대문앞에이르러 두동지는 급하게 신화수를 찾엇다. 그랬드니 의외에도 학원사동이 나와 신화수가 없다고 전하는데 그 표정이 대단 어색해 보였다. 김렬사와 윤익중은 더 뭇지않고 총총히 발길을 돌려 각기 자기의 처소로 도라가는데 이날밤 삼각산에서 부러내리는 삭풍은 유달리 맵고 차 거윗다.

二一　삼판통의 쌈움

종로서 폭탄사건이 있은후 서울지방검사국과 시내 각경찰서 책임자들은 루루 긴급회의를 소집하고 대책을 강구하는한편 전서울시에 철통 같은 비상 계경망을 치고 불철주야로 범인 색에 골몰하였다.

김렬사는 폭탄이 터지든 그순간부터 예칙한바와같이 자기네들의 주위에 닥쳐온 위험성 대하야 동지들에게 외출을 적게하고 행동을 신중히하라고 주의시켰고 자기도 시내 경계사태에 대하야 비상한 주의를하며 정보를 수집 하여듯고 행동하였다. 종로서 폭탄사건이난 이틀후 一월十四일 밤이었다.

173

김렬사는 초저녁에 나가 문안 몇동지를 찾어보고 열한시경 매부 고봉근을 앞세고 도라오는데 (다른때보다는 약두시간쯤 빨리 도라왔다) 두번이나 경계망에 걸렸다. 첫번은 남산밑 느티나무 아래에서 고봉근이 잘아는 김동명(金東明) 이라는 형사에게 걸였다.

「저게 누구요」

「김포친군데 술한잔 같이하고 옵니다」

「지금 비상경계중인데 빨리가시요」

「네 아렀읍니다. 이사람아 빨리오게」

고봉근의 재촉소리에 김렬사는 헐덕이는듯이 따라와 같이 걸었다.

다음은 조선은행 사택거리를 도라서니 돌연 세형사가 나타났다. 그중 한명은 역시 고봉근과 아는형사였기에 여기서도 별성화를 받지않고 집으로 도라왔다. 그러나 예에없이 두번이나 성화를 받고나니 고봉근의 심정은 어전지 불안하였다. 그래서 집으로 도라와 저녁상을 든 김렬사에게 조용히 권하였었다.

「아모래도 여기가 좀 위태한것같으니 거처를 옴기는 것이 어떻소 오늘밤 형사들 눈치로 보아도 그냥 가라고는 하였지만 당신의 중국모자와 의상을 유심히 보는 것 같읍니다」

「매부 걱정마오 몇놈쯤이야 걸리면 병아리잡기지 뭐」

「그래도 어째 나는좀 불안한것같소」

「글쎄 걱정말라니깐 아모염여도 없어요」

「형님이 여기 오신지도 벌서 한달이 되었으니 그동안 어떤 정보가 어떻게 드러갓는지 누가아오」

이때 경찰에서는 이미 김렬사가 상해에서 도다와 잠복하고 있다는 것은 알엇었다. 그들이 탐지한 증거만하여도 여러가지가 있엇다. 서대순의 회사 창고속에서 이러난 코고는 사건이라든지? 김렬사의 어머님의 표정이라든지

(그동안 동대문서에 있는 김모라는 형사는 늘 김렬사집에 들려 가족들의

175

행동을 삶었었다. 그중에도 김렬사 어머니의 행동을 잘보는데 (김렬사 상해에 있으면 아조 실신할듯한 표정을 하고있고 김렬사가 서울에 와있으면 모든 행동이 당황하야 좌불안석의 표정이였었다) 로 미루어 김렬사가 와있으며 피해다니는 것은 알었는데 뜻밖에도 종로서 폭탄사건이 터지니 당시 경찰로서는 이것은 필연코 김렬사의 행동이라고 단정하지않을수 없었다. 그래서 그들은 『김상옥을 잡는 것이 곧 종로서 폭탄사건 진범인을 잡는것이다』하고 김렬사를 찾기 시작하였는데 김렬사를 찾는 첩경으로는 첫재 김렬사와 행동을 같치하든 동지들을 감시하는것이며 둘재는 그일가친척의 동향을 삶이는것이라하였다. 이러든판에 고봉근과같이 밤길을 걸는 사람을 찾어냇으니 김렬사가 고봉근집에 숨어있으리라는 판단을 내리는것은 어려운것이 아니었다. 김렬사와 매부 고봉근의 제육감은 그대로 적중하였든것이었다. 고봉근이 그처남에게 걱정한지 눈바라가 휘날리는 一월十六일밤이었다. 고봉근이 그처남에게 걱정한지사흘째되는날밤 이날은 초저녁부터 눈발이 히끗히끗 날리드니 이윽고 함박눈

176

으로 변하야 펑 펑 쏘다지는데 천지가 자욱한 지경이었고 전신주 장등에 달

린 등불 불빛에 사선 (斜線) 을 그리며 날리는 어지러운 눈발은 그대로 천

지를 덮으려는듯 하였다. 땅에는 금방 척설이 쌓이어었다. 김렬사는 그 동

안 경계가 너머 심하여 외출을 삼가하고 있었음으로 오늘밤은 좀 도라다닐

가하고 나와보앗으나 심한 눈보라에 눈앞이 캄캄하였고 늦게도라오다가는

길우에 발자국을 남겨 혹여 무슨 증거를 잡필 염여도 없지않어 저녁을 먹

은후 김렬사는 남대문 갓가히 나왔다가 되더라서 문안에 더 나가지않고 집

으로 도라왔다. 삼판통 (三坂通) 고개를 지나고 조선은행 사택모퉁이를 도

라 다시 감나무밭사이길을 올라와 외딴집이 셋채있는 동네 즉 자기의동네어

구에 다다르랴할제 전등밑에서 웬 낯서른 껌정그림자하나이 스르르 돌고있

다. 김렬사는 그재빠른 눈초리로 번듯 이이상한 모습을 살펴보앗으나 그 채

림채림이 초라한걸로보아 필연코 거지이외의 아모것도 아니라고 생각하고

그대로 대문을 열고드러와 매부 내외에 『일직 도라왔다』 고 전하고 자기가

177

거처하는 방으로 드러가 자리에 누어버렸다.

한편 경찰에서는 오늘밤에는 기어코 숙적 김상옥을 잡어버려야겠다고 서울 四대경찰서에서 날래고 대담하기로 이름난 순경 百五十명가량을 선발하야 종로서로 집합하였다가 새벽 세시경에 출발 네시경에 고봉근집앞에 이르렀다. 그들은 일단 집합하야 이마세 (今瀨) 경부로부터 다시한번 주의를 듯고 만단의 준비를 자춘다음 고봉근의 집을 전후좌우로 포위하고 비로소 대문을 두들겨 주인을 깨웠다. 그러나 새벽잠에 취한 가족들은 좀처럼 깨지않엇다. 이것을 알자 이마세경부는 몇이서 담을 넘어가 안에서 고리를 열라고 명령하였다. 이명령을 받은 순경 다섯명중 세명은 담밑에와 깍지를 끼고 두명은 그들의 무릎과 억개를 뒷고 담우로 올라가 양철집웅을 타고가서 안마당으로 뛰어내렸다. 그들은 삿붓삿붓 거러서 중문 유리미다지를 먼저열고 대문간으로 나와 대문고리를 열고 밖게서 대기하고있는 형사들을 들어오게 하였다. 형사들은 좁은마당에 새캄앗게 들어섰다.

김렬사는 얼마를 잣는지 실
컷 잣는것같는데 꿈자리가 뫂
시 어지러웟다. 안방에서 자고
있든 누이동생이 뜻밖게 죽엇
다고 야단법석이나 죽었다는 누
이곁으로가서 누이를 만저보
니 정말 뼈만 남은 송장이되여
「오빠 나는 죽엇읍니다」하
고 슲은 표정을하고 자기를 처
다보는것이었다. 김렬사는 「이
애이애 그게 무슨말이냐」하고
깜작 놀래 깨여보니 꿈이었
다. 바로 이때였다. 집웅을 타

179

고오는 순경들이 「덜컹 덜컹」 집웅을 타고와 마당으로 뛰여내려 중문을 열

고 대문고리를 여러 형사들을 드러오게 하였든 것이다. 김렬사는 불쾌한 꿈

에 머리가 어수선하였는데 「덜컹 덜컹」 이상한 소리가들려 얼는 이러나 유

리창으로 내다보니 시커먼 그림자들이 마당으로 꾸역꾸역 드러오고 있었다.

「주인 주인」

「고봉근 고봉근」

「고봉근 자오 고봉근 자ㅡ」 대청마루앞에선 형사들의 호령쪼인 말솜씨었

다。 김렬사는 얼른 이불을 둘러쓰고 동정을 삶였다。 이윽고 안방에서 누이가

문을열고 「누구예요」 하고 내다보드니 「아이고머니나」 하며 질색할듯이

놀랐다。

「놀래는걸 보니 있기는 있고나」

「상옥이 어디있어 상옥이 내봐」

「김상옥이 나오너라 김상옥이 나오너라」

180

하고 그들은 연거퍼 고함을 첫다. 아내가 놀라는것을 보고 고봉근이 벌

떡 이러나 대청으로 나와서 형사떼를 보았다. 형사들 네명 성큼 대청으로

올라서드니 『네가 주인이냐』 하고 고봉근을 잡아 결박하려 하면서

『상옥이 저방에 있지』 하고 건너방을 가르킨다. 맨앞에선것은 다무라（田

村） 였다 다무라는 종로서의 범이라는 별명을 가진 순경으로 힘세고 날래

기로 서울사대서에서 첫손까락을 꼽는 자였다. 그는 성큼 뛰여가 건너방

문고리를 잡고

『상옥이 나오너라』 하고 호통을 치며 동시에 먼저 기세를 꺽을셈인지 건

너방을 향하야 권총 한방을 쏘왔다.

김렬사는 벌 이불을 쓰고 누어 자세를 낮게하고 양손에 권총을 들고

문을향하야 쏠준비를 하고있었다. 그러나 이중에서도 마음이 언짢은것은

금시 꿈에 나타난 누이동생의 모습이었다. 만일 이방에서 문을 열고 드러

오는 형사들을 쏘다가 한방이라도 비뚜러저 안방으로 드러가면 금시꾼 꿈

181

고대로 자기손으로 자기누이동생을 죽이는 비극을 연출하지나 않을가 하였

다。 이런경우의 꿈이란 정말 불쾌한 예감이었다。 그리고 또하나 김렬사가

누이의 집으로온이후 언제나 신발을 머리맡에 두거나 그렇치않으면 신고자

는 버릇이 있는데 (상해에서 직히던버릇) 오늘밤에 한해서는 신발을 머리맡

에 두지도않엇고 신지도않어 막상 뛰여나가게되면 맨발로 나갈수밖에 없었

다。 기묘하게 저질른 운명의 실수였다 김렬사는 싸ー창을 양손에 들엇건만

쏘지도 못하고 신발이 없건만 신발을 신을 사히도없어 그대로 형세전환을

삶이고 있었다。

다무라는 방문을 요란스럽게 흔들며 대성질책으로 꾸지어도 아모 반응

이 없으니 되려 맥이 풀릴지경이었다 그러나 제힘에 자신이 있는지라 문고

리를 잡아 힘것 나꾸채고 나꾸채고 하였다。 그러나 않으로 걸린 튼튼한 문

고리가 열일리가 없엇나。 이때이다 김렬사는 자기가 베든 목침을 들고 비

스듬이 이러나서 다무라 (田村) 가 자버다니는 문고리의 뱃목을 향하야 힘

끗 첫었었다. 그러니 뱃목이 떨컥 부러지며 문은 덜크덩 여러제쳐졌다. 다무

라는 문이 활짝열리는 바람에 뒤로 나가 떠러저 엉둥이 방아를 지였다. 다무

라는 얼른 이러나 『그래도보지 내심이 얼마나 센가』 하는듯이 억개를 웃

슥하며 이번에는 방에 깔린 이불을 얼싸않으며 그안에있는 김렬사를 고스란

니 사로잡을 작정이었다. 그의 의사로는 김렬사가 이불에서 빗끄러저 반항

하드래도 어디 손끝하나만 잡히면 팽개처 구비시메를하야 잡는다는것이었

다. 그러면 김상옥이 제아모리 비호라 하드래도 털끝하나 상하지않고 사로

잡을수가 있었을것이니 다무라의 용명이 한칭더 빛날것이라는것이었다.

김렬사는 이곰처럼 미욱하고 어리석은 다무라의 행동이 딱하기도하며 우

숨기도하여 『자식참』 하고는 픽 우섯다. 『탕―』 소리 한방이면 세상이

다고 만일 죽엄의 사신같은 무기를 양손에 들고있는 자기앞에 이처럼 어리

석은 놈이 또 있을지? 펀듯 정통으로 권총을 들고 겨누다가 그순간 또다

시 꿈 금시꾼 꿈이 머리에 떠올라와 겨누든총을 얼른내렸다. 그대신 이불을

183

뿌리치고 비호처럼 이러나면서
다무라의 가슴 한복판을 거더지
르니 다무라 「캑」 하면서 개
고리색기처럼 마루끝에가 거꾸
로 나동그라진다。 그도그럴박
게 없는것이 다무라 제아모리
서울 四대경청서의 맹장이라 할

지언정 김렬사의 팔심 발심은 다무라를 월등하기 수십배이기때문이다. 김렬사는 떠러지는 다무라를 따라가며 우로부터 아래로 내리 「쾅 쾅」 쏘며 마루끝에선 매부 고봉근을보고 불행히 다칠가바 「매부 빗기시요 안으로 드러가시요」 하니 이말을들은 형사경관들중에는 매부고봉근과 누의의 등뒤로 죽지마자고 피하야 돌았었다. 이번에는 앞문에 붙은놈들에게 번개처럼 총끝을 돌려 「타탕탕」 연거퍼 쏘니 두놈역시 마당으로 뚝뚝 떠러저바린다. 이사이가 불과 몇초동안이었다. 번개같은 김렬사의 이행동에 혼비백산한 경관놈들은 우수수 너머지며 쓰러지며 다토아 마루밑으로 부억으로 쥐새끼들처럼 숨기에 겨를이 없엇다. 대문밖게서 안에다대고 위혁발사 (威嚇發射) 하는 총정이 요란할뿐 대문안 뜰에는 벌서 김렬사앞에 완전히 저항이 없는 공간이 있을뿐이요 텅비인 통로가 열였을뿐이었다.

『상옥이 여기있다 템빌테면 템벼보아라 오늘저녁 너이놈들을 모조리 죽일테다』

김렬사의 우뢰같은 호령소리가 새벽공기를 흔드니 뜰안은 쥐죽은

185

듯이 더욱 잠잠하였다.

김렬사는 주저하지않고 마루에서 중문을 향하야 풀적뛰니 한거름에 두칸 이상을 넘어뛰어 중문을 열고 나가버렸다. 총마진 배를 움켜쥐고 신음하든 다무라는 김렬사가 나가니 『아이쓰(저놈)』 하며 김렬사를 두서너걸음 쪼차가다가 대문간에서 덜컹 쓰러지고만다. 그때서야 여기저기 숨엇든 순경들이 이러나서 중문편에다 총을 쏘았다. 대문을 나선 김렬사는 남산을 향하야 쏜살같이 올라가니 百메타쯤 떠러진 다음에야 겨우 「이마세」는

『아이쓰오 도라에루모노와 이나이까(저 놈을 잡을놈은 없느냐)』 하고 악을 쓰는것이었다. 그제서야 숨었든 형사들 十여명이 나타나 뒤를 따를듯이 보였다. 이눈치를안 김렬사는 다시 되도라서서 양손에든 쌍총으로 『타 탕탕』 하고 연거퍼 불질을하니 형사놈들 다시 대문안으로 와르르 쪼겨드리오며 숨어버렸다.

이와같이 양편에서 전후좌우 난사하는 요란한 총알소리 고봉근은 이별

186

안간 이러난 전투판에서 피할도리없이 어쩔줄모르고 황당히 서있든 허리

업히 화근함으로 도리켜보니 바지춤이 타오르는것을 이제사 고봉근은 깨닷고 정신을 채 총알이 벌서뚤코

나간뒤 바지솜에 불이붙어 타오르는것을 이제사 고봉근은 깨닷고 정신을 채

리었다. 이때는 김렬사는 벌서 권총을 발사하면서 문밖을 뛰어나간뒤이었

다。쫓겨들어오든 형사순사들은 총칼을 겨우면서 고봉근을 체포하라고 달여

드니 고봉근은 이에 대항하야 다시 전투가 버러졌다。왜놈들의 포악에 노기

가 충천한 고봉근은

『나를잡아 이놈들 덤벼드러라』 하고 달여드는 형사순사때를 五六명 닥

치는대로 집어치며 꺼구러테리며 비호같이 뛰여나갓다。추격하는 놈들을 한

아둘식 높은 청개천에 집어던지면서 감나무많은 숲속으로 몸은 감추어버리

었다。

【쌓인눈에길을찾다】 경찰부에서는 만일을 염여하여 군대와연락하여 수백

명의 무장군대를 삼판통과 남산일대에 배치하였든것이었다 이때 경찰대의 총

187

188

소리와 추격하는 소리를 들은 군대들은 달여 들어 경찰대와 호응하여 김렬사를 잡으라고 몰여들었다. 김렬사는 그 재빠른 거름으로 이 군대와 대결하면서 이 나무가지에서 저나무가지로 다람쥐처럼뛰어 단숨에 남산마루터에 성큼올라왔다. 그러나 밤이라 어되가 앞 된지 방향을 알수없었다.

평상시 밝은 낮이라도

189

길없는 남산마루터 숲사이를 지나면서 방향을 틀림없이 잡는다는 것은 용이한 일이 아닌데 아직도 새지않은 아두운 밤중 때로는 무릎까지 묻치는 눈길을 터드려거리며 마음바삐 쫓겨가자니 자기 스사로도 딱하였다. 유일한 지침(指針)은 눈빛(雪光)의 히부스럼한 섬광인데 이것만을 직하고 더드릿거린다는것은 파선된 배쪽을 붓들고 험한 파도에 번롱되는 배사공과 같은격이었다. 뒤에는 금시 경관의 추격이 있을터이니 빨리 가기는 가야겠는데 촌보를 옴길수가 없고 그렇타고 어듸 피할곳이 정해저있는것도 아니어서 어듸를 어떻게갈지 아득할뿐이었다. 진퇴유곡의 심정으로 하늘에 북두칠성을 찾엇으나 눈보라내린 하늘에 별이 보일리가 없엇다. 눈은 아직도 끝치지않어 발자욱의 자최가 눈우에 선명하게 박히지않는것은 다행이지만 징징한 소나무숲사이에서 어떻게 방향을 가릴지? 여기이자리에서 그대로 날을 세워버릴지도 알수없는일이었다. 그러나─ 김렬사는 「막다른 골목에와서 기운을 잃어서는 안된다」는 것이 그의 서 잘못하다가는
190

신조였다. 물론 더 갈 수도 없고 되도라설 수도 없지만 그렇타고 가만히 서 있을 수는 더욱 없는 것이었다. 좌우간 가는 대로 가 보자고 그는 소나무 등길을 붓들고 발을 옴게 됏고 밋그러저 눈밭에 발이 빠지면 눈을 집고 발을 빼면서 거럿다. 이 때에 김렬사의 오직 하나인 히망은 그가 소년 시절에 이곳을 지나서 한강리(漢江里)로 나가본 기억이 있다는 것이었다. 그 때 그 기억을 더드머 한강리 쪽으로 나가 보자는 것이었다.

김렬사는 얼마를 더드러거리며 거럿든지 한참 동안 거러와 보니 송림을 지나 바른편이 낭떠러지가 된 절벽으로 나왔다. 김렬사의 생각에는 상당한 거리를 거러 나온 듯하였다. 이제 얼마 낳가면 한강리에 당도할 듯하여 그는 더욱 용기를 내어 뛰다 싶이 발을 옴겨 듸되었다. 그런데 이게 웬일? 『아차!』 실로 『앗차』할 순간이었다. 발이 쭉 밋그러지자 몸을 가눌 사이도 없이 그대로 낭떠러지 절벽에서 떠러지고 말엇다. 이 기가 서빙고(西氷庫) 채석장(採石場) 인 줄 알엇음은 그 후 일이 었었다.

191

아모도없는 밤 눈길을 헤매다가 충암절벽 수십길 땅떠러지에서 떠러진 김렬사는 그가 인간이였다면 기적이나 우연이 없었다면 그는 아모도 모르게 죽었을것이다. 그리고 깊이 쌓인 눈속에 묻혀 명년봄까지 누구하나 아는 사람이 없었을 것이다. 그러나 김렬사는 죽지않엇다.

사람의일에 원인과 결과를 예측할수없는 사건비약을 우연이라고 한다면 김렬사의 생존이야말로 우연중에도 우연에속할 기적적인 현상이였다. 김렬사가 떠러저 공중을 곤두박질할때 그 수직선(垂直線) 아래에는 수십길 채석장바위돌 반석이 아니고 불과 九八척아래 떠다남은 바위가 침대처럼 가로놓이진 곳이였다. 본시 뛰염질을 잘하는 김렬사에게는 이것은 거저 한집웅에서 땅아래로 뛰여내려 삿붓 앉어본 그정도였다. 김렬사는 발이 밋그러진 그순간 정신이 앗질하였지만 삿붓 내려앉고보니 대수로운 죽엄의 위기는 아니었다. 그러나 그다음이 문제였다. 이곳은 바로 채석장이기때문에 납포볼에 부서진 칼날같은 돌맹이가 눈속에 뾰족 뾰족 깔려있었다. 아모것도

192

신지 못하고 버선발로 뛰어나와 이미 버선바닥이 다 해어지기시작한 발바닥인지라 발바닥이 몹시 압푸고 옴겨보기가 거북하였다。김렬사가 보신발로 뛰어나온것을 인식하였음은 비로소 이때였다。근근히 발을 옴겨딋고 옴겨딋더 채석장 비탈길을 겨우 도라나와 한강리로 나려왔다。

이로써 김렬사는 그가 지목하고온 목적지 한강리에 일단 도착한셈이었다。

그러나 이밤중에 누구문전을 두들길것이며 선영 뚜들길수있다하드래도 실상은 아는집이 없었다。그러면 어떻게 할것인가？ 김렬사는 잠시동안 망서리고 섰었으나 결국은 그대로 걸을도리밖게 없었다。그리하여 장충당(裝忠壇)공원 고개 마루턱에 올라서니 동녘하늘이 밝아오며 먼동이 환하게터오났다。하룻밤 어둠속에서 꺾은 고통이 지긋지긋하여 불그레하게 터오는 먼동이 반갑기도하였다。그러나 또한편으로는 경관대가 추격하여 따라오는것같기도 하고 또는 이처지에 아는사람을 불숙 만날것같기도하여 밝어지는 것이 되려원망스럽기도 하였다。

이제부터는 정말 행동을 민첩하게 하고 임기응변 신출귀몰하게 하지않으면 안되겠다고 생각하면서 장중단개울 다리에 이르럿다. 김렬사는 무득 호주머니에 넣어둔 두자루의 권총생각이나서 즉시 권총을 끄내가지고 다리밑 돌담 옆에 쌓인눈속에다 꽂아 놓고 드무께 승방 안장사(安藏寺)를 찾어갔다. 사람의 왕래가없이 비교적 고요하고 또 자기자신의 허트러진 모습을 다스리기 위하여 잠시동안의 휴식을 얻고 싶어서였다. 소나무사이에 아모 발자국도 없는 눈길을 밟으며 절간으로 드러서니 절부엌간에서는 동승들이 아촘밥을 짓고 있었다. 김렬사는 밤새도록 헤매이고나 몹시 시장하든판이라 밥솟에서 끄러나는 김을보니 시장기가 꿀꺽 소사나고 칩기도하여 체면가릴것없이 부엌으로 쑥드러가 밥짓는 동승아이를 보고 「수고하는군」 하고 아는척하였다 동승아이들 본시 친절하였음인지 또는 좀 낯익은 기억이 있는지 「웬일이십니까」 하고 반갑게 마저주었다.

「내가 밤새도록 거럿드니 시장해 못견듸겠네」

194

하고 어서 밥좀먹여주기를 간청하였드니 『아직 밥이 끓른중인데 이거라도

드릴가요』 하며 끌어오르고있는 밥솟을 여러보였다。 김렬사는 『그거라도

먹어야겠다』고 우스니 동승아이도 따라서 우스며 박아지에다 끄러나는 씨

을 그대로 반박아지쯤 떠주었다。 김렬사는 너머 뜨거울긴갈하여 박아지채

찬물에 담거 식힌다음 쭈르르 드리마시고 두서너법 우물우물 씹어서 생키기

를 대여섯차례하고는 『아이고 이제는 살엇다』고 혼자말로 중얼거렸다。

『그런데 스님은 어듸계시나』고 스님을 찾었드니 『저방에 계십니다』고 갈

으켜주어 김렬사는 동승아이가 갈으키준방으로 스님을 찾어드러가 자기가

밤길을 거러온 래의(來意)를 말하고 사정하여 집세기 한커레와 장삼과 송

낙을 빌었다。 그리고는급히 서둘러 장삼을 입고 송낙을 쓰고 벼락중이 되

어서 새벽불공을 하러가는것처럼하고 왕십리(往十里)를 향하여 산길을 내

려갔다。 이때에 유명한 이야기가 김렬사가 집신을 거꾸로 신고 내려온 기

지(機智) 이다。 김렬사는 필연코 자기를 추격하는 순경들이 머지않어 이

195

승방을 찾아올것인데 그때 그들이 목표삼은 것은 눈우에 찍힌 발자국뿐일거

이라 하였다. 그래서 김렬사는 절에서 얻은 집신을 거꾸로 신고 절로 내려

왔으나 발자욱 방향을 보면 되려 절로 드러드러간 것 착각을 이르키게 한

것이었다.

二二 고봉근과 김렬사의 가족

김렬사가 내정에서 세형사 놈을 거꾸러트리고 중문을 향하여 껑충 두칸이

상을 비호처럼 뛰어나간뒤 고봉근도 일장격투한후 피하여 뒷산중턱의 나무

밑에가 앉어 담배를 피어물고 자기집편을 응시하고 있엇다. 대체 어떻게 된

것인지? 김렬사의손에 형사 놈셋은 거꾸러젓고 또 자기손에 붓들린 네형사

놈은 랑떠러지에 떠러저으니 왜인 형사대들이 거저 물러가지는 안흘것인데

그들은 이제부터 어떻게할것인지 겪어보아야 귀추를 알것이었다.

이윽고 자기집에서 화투불연기가 소사오는 것이 보였다. 집다락에는 현

금 三만원이든 궤짝과 자기집 감나무밭에서 따다가 잘간수하여논 홍시 十어 목관이 있엇고 방에는 의복과 기타 중요한 살림사리가든 옷장이 있어 나무밑에 앉어서 그들이 물러가기를 기다리기에는 집안일이 너무도 궁금하였다. 집안에 가족이라고는 없을터인데 가택수색이니 무엇이니하여 형사들은 남의 살림사리를 다 끄집어벌 터이니 무슨짓을할지 알수가없엇다. 고봉근은 좌우간 집으로 도라가서 어떻게하나 보자고 이러서서 거러왔다. 자기집문간에 이르니

『고이쓰 다레까(이녀석 누구냐)』 하고 왜인형사하나가 호통하는 바람에

『나는 이집주인 고봉근이다』 하고 대답하였다. 한경부녀석 부하들에게 눈짓하니 대여섯명 형사놈들이 달려드러 손을 들게하고 수갑을 채고 몸수색을 한다음 대문앞으로 끌고 드러갓다.

뜰에는 김렬사의 총에마진 형사셋이 그대로 누엇는데 다무라(田村) 는 죽엇는지 업드려있고 한놈은 이마를 붓들고 다른 하나는 팔을 붓들고 상을 찌푸리며 못견듸겠다는듯이 굴을느고 있었다.

고봉근을 끌고드러온 형사들은 강제로 그를 끄러다가 부엌문에 매달고 함부로 갈기고 매질하며 폭탄(爆彈)과 군기(軍器)를 내라고 호령호령하였다. 그리고 三四十명되는 형사놈이 파리떼처럼 드나들며 여기저기를 파해트리고 또는 김렬사의 방을 뒤지며 은익무기를 찾는모양이었다. 그러다가는 이놈저놈 가릴것없이 고봉근의 곁으로와서 「이놈아 숨겨논 무기를 대지 못하겠느냐」 고 마구 두들기며 김렬사를 놓친분푸리 동포를 희생식힌 분푸리를 왼통 고봉근에게 하고보니 고봉근은 여러차레나 깝으러첫다가 깨여났었다.

오전열시경 고봉근은 수갑을 차고 거러서 동대문경찰서로 끌려왔다. 고봉근은 여기서 또다시 정오까지 모진 고문을 받다가 한시가 조금지난후 자동차에 데메다싶이 끄려올려 도경찰부로 옴기었다. 도경찰부 유치장안으로 기다싶이하여 드러와앉었으니 조곰있다가 아내가 드러오고 생후 이개월밖게 않되는 애기를 어분 시모 어머니가 드러오고 또조곰후에 동대문 처가집가족이

철부지 어린것들만 빼놓고는 전부 끌려드러왔다. 동네문 가족들은 이때까지

도 무슨 사고가 낫는지도 모르는 모양이었다. 다만 김렬사에관하여 무슨 큰

사고가 발생되였으리라는 것을 제육감적으로 추측하였을뿐이었다. 그들은

유치장안에서 이렇게 서로 대하니 공연히 눈물이 흘렀으며 그저 서러웠다.

또 고봉근의 부인은 오라버니댁 얼골을 보기가 몹시 딱하여

「언니 울지마오」 고봉근부인이 언니 (김렬사의부인) 를보고 보다못해 위로

하였다.

「오늘새벽 집에서 누가 죽엇는데 누군지 모르겠소」

「서방님 얼골이 저렇게 부어서 어떻커우」

「……」 이런말을 가만가만 주고받엇을뿐이었다.

저녁때가 지난후 유치장에 불이켜지니 이때부터 가족들에대한 본격적인

취조가 버러졌다. 먼저 김렬사의 부인과 그아우 춘원 (春園) 을 불러다 고문

하였다. 담당형사 삼윤 (三輪=다무라의 외척 형벌이된다) 은 이를갈며

『네 형놈 네 남편이 내아우 다무라를 죽였으니 네가족을 내손으로 다죽이겠다』

하고 야차처럼 날뛰며 함부로 갈기고 차고하였다. 고문을 당한 사람들은 보고 있는동안에 얼골모습이 변하고 입이 비뚜러지고 팔다리가 비비 꾀여졌든 것이었다.

고봉근을 보고는 경찰에 고발안하고 은익하여두엇다고 시비었다. 얼골이 퉁부처처럼 부은 고봉근은 약이 올랏다

『혼인한지 불과 석달밖에않되는 내다 무슨일을 했는지 잘 알지도 못하거니와 그래 너이들같으면 동지간에 고발을 하겠니?』 하고 항의하고 무기은익한 것을 대라고 추궁할대에는

『네 자신에 무러보아라 너는 모르는 것을 모른다고 하지않고 안다고하는 론리가 있는가?』 하고 대들대들엇든 것.

형사들은 고봉근의 옳은소리에 말문이막혀 할말이 없엇다. 그러나 이편에서 강하게굴면 강하게굴수록 더악독하게 구는 것이 형사들의 버릇이었다. 그

201

들은 고봉근을 형틀에 앉치고 얼굴에 수건을 덮고 거꾸로 달고는 물을 먹

이고 다시 두놈이 달려드러 땀을 흘려가며 갈기었다. 고봉근은 이악독한

고문에 역시 정신을 잃고 혼수상태에 빠졌다가 깨어나기까지 하였다.

이렇게하야 김렬사에 관련된 왼가족들은 몹쓸 학형을 겪엇건만 그러나

그중 누구하나 김렬사를 원망하는사람도 없고 하물며 그죄상을 대는이도

없었던것이다.

二二三 효제동쌍움

【동지이혜수방으로】 장삼을 입고 송낙을 쓰고 도무깨승방을 나온 김렬

사는 왕십리 이로인댁에 (김렬사가 대장간에 있을 때 한문을 배워주든 선

생) 들려 버선과신을 가라신고 때마침 조반때이라 이로인과 겸상하야 다시

조반을 맛있게 먹엇다. 그리고 급한 볼일이 있다고 이로인댁을 나와 왕십리

뒤길로하야 마장장 개천을 건너 청량리로 나와 영도사 (永導寺) 절 뒤고개

202

를 넘어 미아리 무내미로 총총히 거러 이모의 집으로 드러갔다.

도중 김렬사는 그길로 바로 의정부(議政府)를 거처 강원도로 드러가 금강산절간에 가서 잠시 휴양하다가 기회가 오면 다시 드러오라고 생각하였었다. 그러나 다시 한번 생각하니 문안동지들과 큰일을 꾸미도록 계획하여 놓고 정작 일을 이르킬 최후단게에서 이렇타할 말한마듸도 전하지않고 혼자만 떠나버린다는 것 비겁하기도 하려니와 혁명가로서 행할 수 없는 죄악인듯도 하였다. 그래서 그는 동지들에게 일단 소식을 전한후 선후책을 의론한 다음 자기는 강원도로 가든지 또는 상해로가든지 하기로하고 오늘만은 이모님댁으로 피신하었다가 땅검의와함께 문안으로 드러오기로 작정하였다.

이모님댁에서는 이불의의 손님에 깜작 놀랐고 더구나 중의 차림차림을 한 김렬사의 모습에 더욱 놀란모양이었다. 이모부 이모님들이

『웬일이야? 지금 상해서 나오나 혹은 피신중인가』하고 우스며 궁금해 한다. 김렬사는 다행이 아직 이기까지는 삼판통사건(三坂通事件)이 전하야지

203

지 않은모양이니 말대답에 성가시지 안겠다고 생각하고

『인제 세상이 구찬어 중이되었소 동냥이나 좀 주시구려』 하고 우섯다.

김렬사는 이모님에게 피곤하니 잠시 눕겠노라고하고 골방으로 드러가 자세한 이야기는 나중에 하겠노라고 자리에 누어버렸다.

김렬사가 잠을 깻을때는 벌서 네시반 겨울해가 넘어가랴하였다. 김렬사는 벌서 이렇게되었느냐고 말한후 문안에를 빨리 가보아야할일이 있으니 밥되었으면 얼른 주시요하고 이모님께 밥을 재촉하였다. 이모님은 「그러지않어도 자네가 시장할듯하야 저녁을 빨리 지었네 그렇치만 이모집에 와서 하로도 쉬고않고 가는법이 있나」 하고 자고가기를 권하였다. 김렬사는 오늘은 급하니 다시오겠다고하고 차려온 저녁을 분주히 서둘리 먹고난후 곤 이러섯다.

김렬사는 다소 늦인것같어 다름질치다싶이하야 미아리고개를 넘었다. 지금은 문안에 경계가 삼엄할것은 불문가지한일인데 그 경계망을 뚫코 드러가려

면 너머 밝어서 얼골이 뵈어도 안되겠고 또 너머느저 전등불이 휘황해도 안

될것이었다. 그래서 해 넘어갈무렵 땅검의와함께 동소문관문을 통과하랴고 하

였든것이었다. 미아리고개를 넘어서는 더욱 빨리거러 불야불야 동소문고개

에 이르니 마침 나무바리를 실고가는 마차 한대가 문안으로 드러가고있었다.

김렬사는 『올치되었군』 하고 중이 문밖에 시주을갓다가 나무바리와 같이

오는구나 하는정도로 알게하자고 나무바리뒤에가 딱붙어서 고개를 널었다.

성문밑에는 예기한바와같이 형사 둘이서서 오늘새벽 삼판통에서 형사셋을

쏘와넘긴 흉악망칙하게 생겻을 괴한 폭행의 혐의자를 찾는 모양이었다. 나

무바리가 지나가고 중이 지나가고 …… 그것쯤 별혐의를 둘것이 없었든지

장삼입은중 김렬사는 아모 거리킴없이 무사통과로 문안으로 드러왔다. 김

렬사는 그대로 태연히 거러 동소문고개를 내려와 종로 五정목으로 통한 대

로를 거렀다. 그리하야 고공(高工)을 지나 연지동 못이있고 방아다리 채

소밭사이에 단 네가구 집이있는 효제동으로 드러서 그중의 한집 즉 동지

이혜수(李惠受) 녀사가 있는 집문을 두드렸다.

김렬사는 그전에도 이집을 연락장소로하고 또 밤이 늦으면 건너방에서 자고가기도 하였기때문에 남의집이라는것보다도 자기일가친척의 집처럼 친근한맛이 있는집이었다. 동지 이혜수녀사역시 김렬사와는 허물없이 지나는 터이요 또 존경하는 동지임으로 그가 녀성운동에 투족(投足)한이래 즉 김렬사들이 혁신공보를 발간할때부터 그의 자매단체로서 불가분리의 관계를 가지고 신문배달 정보연락등의 중책을 다하였고 또 김렬사가 상해로 간뒤에는 애국부인단원들이 독립운동비를 푼푼이모아 김렬사를 통하야 상해림시정부에 보냈든것이다.

혜수녀사는 대문을 두들기는 사내의 목소리를듯고 직각 김렬사의 목소리인줄 아러채렸다. 그는 신발을 새신지도 않고 끌고나가며 「김선생아니에요」 하고 반가히 맞어드렸다.

「먼길을 걸어서 피곤하니 댁에서 좀 자고가게 해주시요」

206

『무얼 그리 새삼스럽게 말슴하십니가 그것쯤이야 언제든지 김선생의 임의 가 아니세요』

김렬사는 혜수녀사를 따라드러가 이날밤 대청 건너방에서 푸근히 잣다. 혜 수녀사는 차거운 날새를 염여하여 김렬사가 자는 방아궁이에 장작몇가비를 다시더넣고 불을때었다.

이튿날 아침 (一월十八일) 김렬사는 혜수녀사에게 두가지 부탁을 하였다. 하나는 장충당공원안 돌다리밑에 권총 두자루를 넣어놓았으니 갓다줄것과 또하나는 발이 얼어서 몹시 압푸니 병원에가서 약을좀 어더달나는것이었다.

『대체 어듸를 어떻게 거르섯길내 발이 다어럿서요? 발이 얼엇으면 어제 밤 찬물에다 담거서 어름을 빼고자야지 그대로 더운방에 발을 뭇고잣으니 오작이나 염이나고 아팟겠어요. 대체 어찌된 영문이에요』

어제밤에는 고달푸다고 그대로 눕는바람에 아무이야기도 듯지못하야 혜수 녀사는 혜수녀사대로 궁금하였었다. 김렬사는 그제서야 삼판통사건을 대략

207

이야기를 하였다. 어제이른 새벽 형사대 수백명이 고봉근의 집을 포위하고 자기를 잡으려고 총을쏘고 달려들기에 자기도 이에 응전 달려드는 형사세놈을 쏘아 쓰러트리고 신발을 신지도못한채 그대로 밤새도록 남산 눈밭속을 헤매이다가 서빙고 채석장에서 떠러져 하마트면 저승으로 갈뻔했다는 것과 한강리로 도라 드무개승방절로 드러 장삼과 송낙을 어더입고 왕십리로하야 무내미 이모집에가 피해있다가 해가진후에 이리로 떠나왔다는 경로를 대강 이야기하였다. 혜수녀사는 이야기를드르며 여러번 놀랏든것이다.

조반을 마친후 혜수녀사는 먼저 장충단으로 갈가하였으나 아츰부터 공원을 도라다닌다는것이 수상하게 보일지도모르며 벌서 경계하는 친구들이 섯을넌지도 알수없음으로 오후에 가기로하고 먼저 대학병원으로 가서 아는의사를 찾었다 병원 복도에서 의사를 기달리는 동안 망하에 느러서고 혹은 앉인손님들이 모다 긴장한 얼골로 어제새벽 삼판통에서 이러난사건을 이야기하고 있었다. 형사를 셋이나 죽였다는데 범인을 못잡았다는것 신문호외만

보아서는 사건진상을 알수없어 답답하다는것 누군지몰나도 그범인은 홍길동이처럼 대담하다는 찬사들을 주고받고 있었다. 혜수녀사는 「올치 바로 김선생이야기로구나」하고 혼자 수궁하고 의사를만나 동상고 (凍傷膏) 를 어더가지고 총총거름으로 집에도라와 김렬사에게 바르게한후 병원에서 짓거리는 굉장한 화제를 전하였다。

오후 두시경 혜수녀사는 장충단 공원으로 드러가 김렬사가 일러준 돌다리를 찾엇다。 하얗게 쌓인 눈우에는 아직도

사람이 다닌 흔적은 만치않어 호젓하였다. 이런곳을 거러가건만 혜수녀사는 공연히 누가 따라오는것도 같하야 각금 뒤들 도라보며 걸었다. 돌다리는 사람다니는 길목이기때문에 쉽사리 찾을수가 있었고 다리밑 낮은곳으로 내려다보니 김렬사의 말대로 돌담옆 눈쌓인곳에 까만권총 두자루가 나란히 꽂처있었다. 혜수녀사는 전후좌우를 재빠르게 한번 삶여보고 아모도 인기척이 없음을 확인한다음 그 총 두자루를 뽑아서 두루마기 호주머니않에 넣어 감추어들고 되도라서서 공원을 나와 광희문 동대문 양사꼴 샛길로빠져 집으로 도라왔다. 혜수녀사를 김렬사의 방으로 드러와서야 비로소 「아유…… 무서웠어요」 하고 어려운 사명을 다한 안동의숨을 내쉬며 어리광석거서 말하였다. 「이것 무게도 상당하데요」 하며 가저온 권총두자루를 김렬사앞에 내려노았다. 김렬사는 그총을 받어들고 무척 반가워하였다. 「혹시 없어지지나 않엇나 하고 사실은 여간 걱정하지 않었엇는데 덕분에 내생명같은 이총을 찾엇구려」 하며 정말 기쁜 표정을 하였다. 十二연발

싸ー창과 八연발 꼴드식장총 두자루였다. 김렬사는 그의말처럼 정말 총을 생명처럼 앉기었으며 그중에도 작년五月 장규동녀동지의 관을 살 돈을 돌려서 산 싸ー창 十二연발은 더욱 앉기었다.

김렬사는 두자루총을 번가라들고 이모저모 삶이면서 어제새벽 불질할때 어디가 어떻게 상하지나않엇나하고 자세히 삶였다. 그리고 혜수녀사에게 권총소제할 걸레를 얻어가지고 옹래도록 총소제를 하였다.

그날밤 김렬사는 혜수녀사의 아우를 식혀서 전우진(全宇鎭)을 불러왔다. 그리고 전우진에게 전번 상해에서 나올때 맛긴 탄환궤짝을 가져오도록 하고 래일아츰에는 일즉이 동지 정설교의 집에들려 급한 볼일이 있으니 조반을 먹는대로 꼭 와달라고 전하게하였다. 다음날(十九일) 오전 아홉시경 전설교가 왔다. 전설교는 그러지않어도 삼판통사건을 신문호외로 읽고 왈가왈부 소란스러운 거리의 풍문을 드를때마다 김렬사의 소식이 궁금하든판이라 조반을 급하게먹고 뛰어왔다. 김렬사는 정설교를 어서오라고 마저드려 거리의

풍문을 대략 들었다. 그리고 어제밤 자기가 겪은 三판통쌍움의 경위를 비교

적 자세히 전하고 그후의 순경들의 경계망과 사태의 진전이 어떻게되었는

지 한강리로나가 한강리소학교 교원으로있는 이혜수녀사의 누이동생 이창

규(李昌奎) 씨를 찾어 그동이의 정세를 아러보고오도록 부탁하였다.

전설교는 김렬사의 부탁을 듯고 급하게 거러 장충단 공원길을 넘어서 한

강리 부근에 다달었을때 일견 이부근의 경계가 얼마나 무서운가를 직각 알

수가 있었다. 왜인 헌병들이 얼마나 동원이 되었는지 이동리가에 세워논 지

테미 사이사이 요소요소에 느러섯고 정복입은 경관과 사복입은 형사들이 한

강리동리를 거의 에워쌓다십이한 모양이었다. 정설교는 경계망을 통과하기

조차 어마어마하야 서먹서먹 거려 이창규선생집으로 들어가 사정을 이야기

하고 이동리경계가 언제부터 이렇게 심한가 무러보았다.

「그저께 오정때부터인데 삼판통에서 너머온 범인의 발자최가 이동리에서

끈허섰다하야 이동리를 예워싼것이였고 어느집에인지 아직도 숨엇을것이라

212

하야 동리의 박물장사 콩나물장사를 전부 매수하야 맹활동을 하고있는중이며 우물가이고 가개앞이고 사람이 몰인곳이라면 전부 그이야기뿐이니라」

고 이창규선생은 대답하였다. 좌우간 래일아침에 효제동으로 와달라고 하는 것이 김렬사의 부탁이니 그후의 경계상태를 잘알어보고 오도록 부탁하였다.

이창규선생은 그러치않어도 대전으로 전근이되여 오늘이나 래일쯤 언니택에 들려 하로밤 쉬고 새벽일즉 첫차로 대전 (大田) 으로 떠날준비를 하든참이라 고하였다. 정설교는 이대답을 듯고 **빨리** 도라와 김렬사에게 이곳정세를 전하였다.

「흥 아직도 한강리에 교착하고 있다. 어리석은 놈들」

김렬사는 조롱하듯이 이렇게 말하고 전우진을 식켜서 가저온 궤짝을 열고 그속에든 탄환을 검사하며 일조유사시에 쓸 준비를 하였다.

이튼날 (二十일) 한강리 이창규선생이 효제동으로 나와 김렬사에게 그후 왜놈들경계망이 차츰 이동되여 왕십리 청량리에 **뻗었다**는것을 보고하였다.

김렬사는 이 보고를 듯고 머지않어 경계망이 자기의 주위에 뻗어 올것을 거의 본능적으로 느낄수 있엇던 것이다. 이날 오후세시경 과연 동대문서형사 두명이 나타나 이혜수녀사집에 조사를 왔다. 때마침 혜수녀사는 대청마루에서 사과를 벳기고 있었고 건너방에는 김렬사가 총소제를 하고 있었다.

「이집에 김상옥이 오지않었오」 하고 대문간에서 주인을 찾는법도 없이 쑥드러오는 형사들을 대하고 혜수녀사는 내심에 자못 당황하였다. 이런식으로 덜컹 건너방문만 연다면 모다가 나무아미타불이 될 극히 위험한 찰나였다.

혜수녀사는

「마침 잘오셨읍니다.」 하고 김렬사를 줄랴고 쟁반우에 벳겨논 사과를 그대로 두형사에게 내놓고 안으로 드러가 해태(海駝) 담배를 끄내다 놓고 피시라고 권하였다.

「김상옥이가 어째서 우리집에 옵니까? 상해로 망명한후에는 전혀 소식을 모르는데 혹시 무슨일이라고 있읍니까」

하고 아양있는 역습을 하였다. 형사들은 혜수녀사의 이친절과 아양있는 말

에 은근히 고마웠는지 『아니요 거저좀 조사할일이 있어서…』 하고 어물거

리며 사과를 들고 담배를 피면서 딴이야기만 하다가 그대로 나가버렸다. 형

사를 보낸후 혜수녀사는 김렬사방으로 드러와

『아유…… 김선생때문에 내간이 다녹아요 호호…』 하며 위험을 물리친 순

간에 늦기는 기쁜우숨을 우섯다.

【전우진이취조를받다】 그다음날(廿一일)이다. 오정쯤되여 동대문서 경관일

대가 인의동十六번지 전우진집으로 달려드러 전우진을 체포하여 동대문서로

대리고 갔다. 효제동에서는 이사실을 전혀 몰났든것이다. 이사실을 몰른것이

김렬사에게 큰불운이 되었음은 일을 겪은다음에야 아렀든것이다.

전우진은 그동안 혁신공보 발간시부터 김렬사에게 자기가 할수있는 정성

을 다받친 동지었지만 그러나 본성품이 둔하고 더윈지 인간으로서 부족한

215

것이 있어 잘못하면 남에게 속아넘어가고 욕은 욕대로먹는 것이 나쁘게말하면 바보라고 부를수있는 사람이었다. 동대문서 취조실에서 려량하고 나쁘게말하면 바보라고 부를수있는 사람이었다. 동대문서 취조실에서 여러형사들이 둘러싸고

『너는 김상옥이 있는곳을 알지?』

『그러면 빨리대라.』 하고 호령호령 하였을제 전우진은 전혀 알수없다고 강경히 부인하였다. 사람이 바보처럼 보여서 그랫는지 동대문에서는 더 추궁하지않고 상부지시에 의하여 본정서로 전우진을 넘겼다. 본정서에서도 전우진은 동대문에서와 꼭같이 부인하여 문제가 되지않엇다. 그러나 밤이되어 다시 종로서로 넘어가서가 문제였다. 당시 종로서 고등계에는 수단이 놀랍기로 유명한 미와 (三輪) 요시노 (吉野) 와 조선인형사 김모등이 있는데 이들이 직접 전우진을 취조하였든것이다.

『네가 만일 사실대로 고백을하면 상옥은 잡지도않고 너도 징역을 보내

지않을터이니 사실대로 말하라」

「그러면 첫째 김상옥이에게 좋고 또네게도 좋고 우리도 잡을랴고 귀찮을게 없으니 피차 좋치않은가 왜이런 좋은 방도를두고 서로 고생할것있는가?」

「어서말해……」

「…………………」

「말않을테야! 어서말해 ……」

이렇게하여 밤 여덟시부터 심문하기시작하여 아홉 열 열한시 열두시까지 가진악형을 다하야 필경 김렬사의 거처를 짐작하였든 것이었다.

한편 김렬사는 전우진이 잡혀가 이별케된 사실을 전혀모르고 이날밤 정설교와함께 자정이 갓갑도록 앞으로 취할 대책을 의론하고 있었든것이다.

이때 정설교는 이혜수녀사로부터 어제오후 형사들의 조사온이야기등을 듯고

217

제반사정에 비추어 오늘밤 당장에 김렬사의 거처를 옮기는것이 좋겠다고 김렬사의 거처를 옮기기를 주장하였었다.

「왜인경관놈들이 왕십리 청량리에서도 못찾으면 필연코 문안수색을 할터이요 문안수색을 한다면 반듯이 우리예동지들 소굴부터 수색할것이니 그렇게되기전에 오늘밤 당장 옮기는게 옳을줄암니다」

「글세 나도 그럴생각이있오 발도 이만치 낳엇으니 내일 날이밝으면 강원도쪽으로 떠나 당분간 서울을 뜰작정이요」

「김동지의 생각이 그렇타면 더욱좋소 쇠뿔도 당장에 **빼랫**다고 기위 옴길테면 지금당장 옴깁시다」

「그러나 너머 조급히굴것은 없을것이요 제까진놈들 몇놈쯤이야 예비수색을 하러온다하드래도 문제가있오。 막우 쌓와도 열놈 스무놈쯤 문제가 되지않을건데 그리고 밖앗날시가 이렇게 짓눈까비가 오는데 나갈래야 나갈

수있오」

218

사실 밖에는 짓눈까비가 굉장히 나리고 안개조차 끼어 지척을 가릴수가 없는 형편이었다. 정설교역시 더권할 용기도없고 또 김렬사의 실력을 아느지라 더 권하지않고 자정이 가까워 김렬사의 방을 나왔다.

『내일 떠나면 앞으로 한 二주일동안은 못만나겠오 百어리밖에쯤 나가 있다 오겠으니 동지들에게 동지하고 재입경하는 기회를 기다리라고 전하여주시요』

이것이 김렬사가 동지 정설교에전한 마지막 고별인사가 되어버렸든것이다.

【 접전세시간 】 김렬사가 효제동 七十三번지 이혜수집에 숨어있음을 확인한 경찰서에서는 지금까지 왕십리 청량리 망우리방면에 포진하고있든 비상경계망을 푸는동시에 서울四대경찰서에 비상소집령을 내려 천여명 순경을 동원하고 총지휘에는 우마노(馬野) 경기도경찰부장이 직접 출마했고 부지휘관으로는 후지모토(藤本) 보안과장이 당하게되여 새벽 세시반부터 효제동 七十三번지 이혜수집을 겹겹으로 포위하기시작하였다. 삼판통사건으로 말미아마 언필

청 세계제일을 자랑하는 그들의 면목은 여지없이 짓밟히고 마렀음으로 이번에는 그들이 할수있는 최대한의 용의를 다하고 신중에 신중을 기하지않을수없었다. 그래서 그들은 철통같은 경계선을 배차하는데 먼저 이혜수집에서 각가운곳으로부터 제일 진에는 권총을가진 형사대 제二진에는 장총을든 집총대 제삼진에는 기마순경대 제사진에는 헌병대 급 자동차대의

순서로 겹겹으로 둘렀쌓았다。 이야말고 드들의 말을빌면 쥐색기 한마리도

새지않도록한 철통같은 경계진이었다。(이때 동원된 경관대 총수효가 四백

명이나 되었었다) 그리하여 그들은 마치 전쟁제일선에서 적의 대부대를 위

하고 일대섬멸전을 전개하려는 긴장한태세를 가추었든것이다。

새벽세시반 진눈까비가 내려 길은 몹시질고 설광은 있었으나 아직도 칠야

삼경 문자그대로 어두었다。 一진二진으로 각각 배치되고있는 경관들 서로의

모습도 보히지않고 다만 〃 저벽저벽 〃 하는 지휘경관들의 발자욱소리와 있

다금 들리는 호각소리에 경관들 저이들끼리도 무시무시한 지경이었다。

포위진을 완전히 편것은 네시경이었으나 우마노 후지모토등은 즉시 수사

개시하라는 명령을 내리지는 않엇다。 왜그러냐하면 앞서 삼판통에서 김상

옥을 놓친것은 새벽어둠속에서 교전한 까닭이라고 생각하였기때문이다。 그

들은 이대로 포위진을 펴고 날이샌연후에 김렬사를 잡으랴는 푸란이었다。

세시반 네시 네시반 그들은 몹시 지루하고 칩고 또 긴장된 시간을 보냈다。

네시반이 되자 「우마노」는 비로소 첫명령을 내려 일대는 집중 우로 올라가 김렬사가 드러있는 방을 감시하라고 하였다. 이명령을 받은 형사들은 하나식 둘식 사닥다리를 타고 올라가 김렬사의 방을 구버다보고 「어느 방이야」 「저방인가?」 하고들 수군거리었는데 그 수효는 무려 십이여명이나 되었다.

바로 이날 아침이였다. 이날이 혜수의 동생 이창규(李昌奎) 녀선생이 대전으로 부임하여갈 날이었다. 여섯시반 서울역을 떠나는 차를 태여보내기 위하여 이집가족들은 각기 긴장되어 밤중에도 여러번 깨였었는데 아침 제일먼저 눈을 뜬 것은 창규선생 자신이었다. 시계를 처다보니 네시반이다 「벌서 네시반이나 되었나」 하고 그는 벌덕 이러나 언니를 깨우고 변소에 가라고 대청으로 나와 신을 신으라고 대청마루를 내려서랴하니 어듸서 수군수군 자대들 목소리가 들였다. 창규녀선생은 소리나는쪽으로 머리를 들어 처다보니 사람같은 귀신 아니 분명코 귀신같은 사람들이 집웅우로 잣뜩서서 웅기중기 움직이며 중얼거리지 않는가!

222

『에그머니!』 창규선생은 덜컥 주저앉으며 비명을 지르고 방으로 쫓겨드

러와 언니를 향하여 저것이 무어냐고 손가락질을 하며 질색을 하였다. 혜수

녀사는 동생의 대경질색하는 모습에 같이 놀낼지경이었으나 본시 담대한편

이라 비교전 태연하게 그리고 민첩하게 유리창을 통하여 집웅우를 처다보

니 틀림없는 순사들떼임을 아러벌수가 있었다. 김렬사가 삼괄동에서 겪것다

는 순사떼 그대로였다. 혜수여사는 아모말도않고 대청을지나 그대로 불을

켜놓고자는 김렸사의 방으로 드러가

『여보시요 김동지 여보시요 경관떼가 왔오 이러나 피하시요』

『무어요?』 언제나 잠귀가 밝은 김렬사는 벌떡 이러난다.

『글세 집웅위가 새캄앗소 반침안으로 드러가시요』

김렬사의 동작은 자다가 금새 깨었건만 역시 빨렀었다 미리 준비나하고

있든것처럼 혜수녀사가 가르치는 반침안흐로 드러갔다. 반침안에는 병풍이

있고 그안에는 이집선조 대대로 내려오든 한문책이 높이 쌓엿는데 김렬사는

223

바로 그한문책뒤로 드러가 사태를 살펴보기로 하였든것이다.

형사대편으로서는 집웅우에 올라서서 김렬사의방을 감시만 하고있으면서

날새기를 기달려야 할것인데 웬녀자가 나오다가 「에그머니!」 외마디소리

를 지르고 방으로 쫓겨드러가드니 다음에는 또한녀자가 건너방으로 드러가

숙은숙은하고 미다지가 열리고 닫기고하는 소리가 나는모양이 자기들의 동

지을 전부 그들에게 알려주고만셈이되었다. 이렇게되고보니 그들은 빨리 서

둘어야 저 우물쭈물하다가는 또다시 삼판통사건때의 재판이 될지도모르겠다

고 상부에 당황하게 이소식을 전하였다. 《우마노》 《후지모토》 등도 이

소식을듯고 당황하였슴인지 즉시 수사개시하라는 명령을 내리고 전포위진에

전투준비를 하라는 명령을 내렸다.

이명령이 내리자마자 형사대 一대는 이혜수집대문을 뚜드려부실듯이 요란

스럽게 흔들고 발길로 차면서 주인을 부르고 대문열기를 재촉하였다. 혜수

녀사와 창규선생은 미리부터 알엇지만 혜수녀사는 김렬사의 거취에 마음이

조렸고 창규선생은 변소에가다가 질겁을 한지라 대문을 열라갈 용기가 도저

히 나지않엇다. 늦게서야 혜수녀사의 부친 이태성(이태성) 로인이 이요란스

런 대문두들기는 소리에 눈을뜨고 『게누구요』 하며 방문을 뜰로내려

서 대문을 열었다. 대문을열자 형사놈들 닷자곳자로 로인의 뺨을 갈기고 발

길로 차면서 『고노야로 그렇게 불러두 몰라했오』 하며 포승으로 묶어 끌고

나갓다. 그러자 뒤에 따라오든 형사대 五·六 명은 전우진을 앞세우고 드리

오며

『어느방이냐?』

『저방이지?』 하고 따저뭇드니

『김상옥 나오너라 김상옥 나오너라』 하면서 공중에다 권총한방을 터트러

수사개시의 신호를 울렸다. 이와동시에 『이혜수 어디갓니? 이혜수 어디갓서』

하고 고함치며 몇놈이 마루우로 올라서는 바람에 혜수녀사는 부득불 안방

에서 나오지않을수없었다. 혜수녀사를 보드니 형사대 몇놈이 낫과치듯이 잡

225

아다녀 팔을 비틀고

「이년 이 흉악한년 건너방에다 숨겨놓고도 없다고 했지？ 요망칙한년」하며 뺨을 터저라는듯이 서너번 후려갈기고는 손을 뒤로 트러 수갑을 채와버렸다.

「고 노야로 쟈마다 히끼다세（이년 거리낀다 끄러내라）」하고 호령하니 세 놈이 달려드러 등덜미를 차면서 밖으로 끌고 나가버렸다.

「저방을 여러라 저방을 여러」 금새 호령하든 형사놈 다시 권총을 들고 가족들을 위협하면서 건너방을 가르키었다. 가족들은 정신을 잃은사람들처럼 모다 멍─하고 섯다. 창규녀선생은 보다딱하여 자기의 맨끝의 누이동생 〃요한나 〃 를 식켜서 건너방문을 열게하였다. 「요한나애요 저 요한나애요」하고 떨리는목소리로 어린 요한나（十三세）가 김렬사의 방문을 조심스럽게 여는 정정은 측은한 일막의 비극이기도 하였다. 자기를 몹시 귀애해주든 아저씨 김렬사를 잡어가도록 아저씨가 계시는 그방문을 자기손으로 열라하

니 어린마음에도 무섭기도 하고 슲으기도 하였음인지 문을열고 도라오는 요

한나의 눈에는 눈물이 글성글성하였다.

문을 열어 노니 휘황한 전등불아래 방안이 속속드리 다보였다. 그러나 형

사들이 찾는 김렬사는 흔적도 없다. 김렬사는 이미 반침에 숨엇는지라 보

일리가 만무하였다. 반쯤 열린 반침미다지와 미닫이안에 높이 쌓여진 한문

책이 검으스름하게 보일뿐이였다.

이때 뒤늦게 드러온 동대문서 구리다 (栗田) 경부보가 앞으로 나서면서

건너방을 향하야 꾸짖듯이 호령하였다.

『긴소ー교구 고ー산시로 (김상옥 항복해라)』

『긴소ー교구 하야꾸 고ー산시데 데데고이 (김상옥이 어서항복하고 나오너라)』

『……………………………』

″구리다 ″ 경부는 방안에서 아모댓구가 없는 것이 괘심하다는듯이 이번에는

구둣발로 성큼 대청마루우에 올라서며 건너방 반침을향하여 권총한방을 쏘

앗다. 구리다뒤에는 五·六 명이 또다

시 따러올라섯다.

김렬사는 반침안 다락에서 권총에 탄

환을 몇방식재어 양손에 들고 쏠준비

를 다하고있었다. 그런데 처음 혜수녀사부친이 묶이여나가고 다

음 혜수녀사가 몹시마지면서 또한 묶이여나간다음 의외에도 전우진의

목소리가 들려왔다. 『응? 전우진의 목소리가 웬일일가』 『전우진이 무어라

고하나』 의심을 풀겨를도 없이 다시 계속하여 문을열라고 가족들을 협작하

는 소리와 요한나의 문여는소리 구라다의 항복하라는소리 여기까지 진행되

어오는 사건의 진전을 김렬사는 격동하는 심정을 그대로 눌르며 참고듯고있

었는데 갑작이 쏘는 총소리와함께 자기몸의 어느한부분에 턱하고 탄환이 맞

는것같기도하였다.

『에라 인제는 별수가없나. 놈들이 내가있는곳을 다알었을바에야 사생결단 성

228

패양단간에 쌓와보는도리밖게 없다. 그렇타면 기선을 제하여 놈들보다 먼

저 공격하는 것이 병법 제 一장제일과인것이다.」

김렬사는 책 틈을통하여 구리다등의 행동을 뚜러지게 노려보고있다가 성

큼성큼 반침안으로 각가이와 책에 손을 대이랴할제 「에잇 자식」 하며 바른편

권총을 책우우로 둘러치며 「쾅쾅쾅」 하고 터트리니 「구리다」 「아ー야라레다」

하며 악을쓰고 너머저 바른편 억개를

움켜쥐고 떼굴떼굴 굴르다싶이하야 쫓겨

나왔다。 "구리다 " 뒤에 따르는 형사 놈

들 총을 맞지도 않엇는데 마진듯이 우둥퉁

도망쳐나오며 업치락 뒤치락 여기저기에

숨어버렷다。 김렬사의 사격은 실로 정확

한것이었다。 앞서 삼판통에서 "다무라 "

등 몇놈을 쓰러드렷지만 오늘새벽 여기

서도 앞서오는 〃구리다〃를 첫표본으로 보기좋게 쓰러트렷든것이다. 여기에 온 왜인형사놈들 거의 대부분이 〃야마도다마시〃이라는 유령충성을 자랑하는 일본군대의 훈련를 거처온자들이지만 김렬사의 앞에는 한낱 파리목슴에 지나지않었다. 방과 뜰에는 한참동안 죽엄 같은 침묵이 흐를뿐이었다.

김렬사는 이틈을타 다락뒤벽을 쾅쾅 두어번차 벽을 뚤코 뚜러진 구멍으로 하야 살풋 뒷집담밑으로 내려서 七十三번지 이웃집 七十四번지를 지나서 시 담을 뛰어넘어 七十六번지 김학수의 집으로 드러갔다. 김렬사는 좁은 다락속에서는 자유로 행동할수도 없고 탄약을 마음대로 재일수도 없어 잠시동안 전투를 준비할시간의 여유를 얻자는것과 또하나는 외부의 경비상태을 보아 탈출할수있으면 탈출할 기회를 보자는것이었다. 김렬사는 七十四번지집 재섬을 딋고 월장을하며 효제동일대의 경비상태을 살펴보니 어둠속에 잘보이지는 않지만 여기저기 환하게 타오르는 모닥불과 말발굽소리와 七十三번지 대문부근의 서성거리는소리등으로 미루어보아 굉장한 경계망임을 알

230

수있었다. 삼판통에서 실패한 전철을 되푸리하지않으랴고 굉장한 경계를하는 것도 당연한일이기도 하겠지만 김렬사의 마음한구석에는 이번에는 정작 막다른골목에 이르럿고나 하는생각이 떠올랏다.

「좌우간 죽든지 살든지? 되든지 않되든지? 마지막 단판씨름을 할바에야 끝까지 쌓와보리라」고 다시한번 마음속에 굳게 맹서하고 七十六번지로 넘어갓든것이다. 김렬사는 七十六번지의 주인김학수가 자는방으로 주저할것없이 쑥드러가 김씨를 깨워 이불을 빌려달라고 청하였다. 김학수는 이난데없는 침입자에 놀래기도 하였지만 행여 자기집에 루화가 미친가바 『어서 나가시요』 『썩나가시요』 하고 고함을 질렀다. 김렬사는 주인학수의 행위가 괫심하였지만 그렇다고 무고한백성을 햇칠수도없어 「못나게 굴지말아」 하고 한바탕 호령하고는 분함을 꾹참고 다시 七十二번지로 넘어왔다. 이때 월장할 때 김렬사의 발가락이 떠러저 게섬우에 노인 것을 발견하였음은 그후 五·六일이 지나서였다. 김렬사가 혜수녀사집 다락에 있을 때 〃구리다〃 가 쏜 첫번총탄

231

환파편이 김렬사의 바른편발 엄지발가락에 박혀 셋재발가락까지 떠러질지

경떠 이른 것을 김렬사 자신도 몰랐드는것이다.

한편 밖게서 경계순회하고있든 형사들은 七十六번지 김학수집에서 갑작

히 고함소리가 나고 「어서나가라」 고 웨치는 소리가나서 그들은 이상히 생

각하고 「범인이 혹시 이집에 오지않었나」 하고 저이들끼리 수근덕거리다가

七十六번지 내문을 두들겨 주인을 찾었다. 김학수가 나가서 대문을 열자 형

사들 五·六 명이 드러오며 「김상옥이 너이집에 있지않으냐」 하고 힐난하

듯이 무럿다.

「김상옥인지 누군지 몰라도 어떤놈이 내방으로 드러와 이불을 빌려달라

기에 나가라고 고함을첫드니 저담을 넘어 아래집으로 갓소」 하고 七十二번

지로 넘어간곳을 가르첫다. 형사대들은 그제서야 감상옥이가 七十六번지로

왔다가 다시 넘어간줄을 알고 상부에 보고하였다.

평소에도 비호같은놈 몬지같은놈하고 미워하고 무서워하든 김렬사의 이전

광석화와 같은 행동에 그들은 다시 한번 놀라지 않을 수 없었다. 사실 그들은

아직도 김렬사는 七十三번지 반침안에 들은 줄 알고 서로들 겁을 먹고 손발이

오그라진듯 다음행동을 취할바를 모르고 있든차인데 김렬사는 벌서 이렇게

자유자재 이동리를 무대로 횡행하는지라 《우마도》 등 총지휘관들도 도시

좋은방법이 나지않었다. 불질을하고 직접 교전을 하기로하면 저렇게 잘쏘는

김상옥손에 자기부하들이 많이 상할것같기도하고 또 잣칫하면 자기네들 생

명까지도 위태러울것같하여 진퇴가 양난이었다.

이때 조선인형사 김모가 나타나자 《우마노》 등은 어떻게하면 좋은가

하고 물었다. 종로서 조선인 고등계 형사로 제일인자라는 김도 물론 직각

에 좋은생각이 떠오르지않었다. 그러나 그는 최후의 육탄전을 하기전에

七十三번지 七十六번지등을 잘직히고 범인을 막다른 골목에 모라넣은다음

스스로 항복하고 나오도록 권하야보자고 하였다. 《우마노》 는 즉석에서

『소레가 겠고 ─ 소─시요 (그거좋소 그렇게합시다)』 하고 부하들에게 七十

233

三·四·六의 세집을 꽉직히게하고 김렬사가 있은 七十二번지를 향하야 항복을 권하였다.

「김상옥 항복하게 이이상 저항하면 손핼세 어서 나오게」 이것은 말을 타고다니며 웨치는 김모의 소리요

「긴소ー교구 고ー산시로 (김상옥항복하라)」

「긴소ー교구 데데고이 이마데다라 쓰미와 가무이소 (김상옥 나오너라 지금 나오면 죄는 가볍다)」 이것은 왜인형사들의 항복권유의 소리였다.

김렬사는 七十二번지 담벼락에 붙어섯는데 이소리를 듯고 어이가없다는 듯 이 「어리석은 개자식들 같으니」 하고 코우슴을 첫다. 그리고 적이주는 이 시간의 이유를 되려 천재일우의 호기회로 잘 이용할수가있었다. 즉 김렬사가 七十六번지로 가서 이불을 빌려달란 것은 이불을 둘러쓰고 미처 재이지 못한 탄환 (彈丸) 을 재이고 남어지를 허리띄에 차고 완전한 전투준비를 하자는것이었다. 그러든것을 겁쟁이 주인녀석의 질색발악으로 뜻을 이루지못

하였을뿐아니라 적앞에 자기의 존재위치를 알리게되여버럿든것이었다. 그래

서 적이 자기가 있는 이집을 향하야 저돌적공격을 갑작이 전개하지나 않을나

나하고 내섬에 미상불 당황하였는데 적은 의외에도 자기에게 항복을 권유하

며 스스로 빌고나오기를 기달리는 작전을 쓰게되니 김렬사에게는 이동안의

시간의여유가 도리혀 천혜의 호기회가 된것이었다. 김렬사는 이제 더는 안심

하고 七十三번지의 뒤처마끝에서 탄환을 재이고 남어지를 허리띄에 찰수가

있었다.

『자ー이재는 다 되었으니 어듸로든지 올테면 오라』고 태연히 거러다니며

七十二번지 집안 구조까지를 삺일 여유가 있었다.

때는 다섯시반 지루한 겨울밤의 어두움도 동녁하늘과함께 차츰 밝어저

五六十척 이켠저켠의 사람의 그림자가 히미하게 보일정도였다. 이는마치 김

렬사와 형사대사이에 버러질 일대격전을 앞두고 서로의 사격목표를 밝혀주

는셈이 되였다.

235

형사들이 김렬사에게 항복을 권유하기시작한지 五분 十분 二十분 三十분이 다되도록 아모 하회가 없었다. 이렇게 시간을 끌다가는 신출귀몰 변화무쌍한 김렬사의 술책 오지는 않았다. 김렬사는 「나 여기있오 자바가시요」 하고 나 은 어떻게 변할지도 알수없으며 잘못하면 어디로 선지도모르게 종족을 감추 어 경계망을 뚫고 탈출하야버릴지도 알수없는일이라 하였다. 만일 그렇게되 여 이범인을 여기서 또놓친다면 왜인경찰의 체면은 물론이요 자기들의 책임 문제까지에도 영향이 미칠 터이니 일은 점차 커지는것같고 초조한 마음은 더 욱 급박하야지는 것 같었다. 『후지모도 』 부지휘관은 마침내 참다못하였는지 『모ー우다세마쇼(인제 쓰게합시다)』 하고 짜증이난듯이 부르짓었다. 『시까다가 아리만센나 (할수없소) 슈비징오 식카리 마모라세테 우다세나사 이(수비진을 잘믹히게하고 사격케하시오)』 말은 이렇게 태연한듯하나 ‖ 우 마노 ‖ 의 언성에는 당황한 기색이 충일하였다. 조선인형사 김모 황모 등 도 동의할수밖게 없었다. ‖ 후지모도 ‖ 의 명령으로 각수비진은 일제히

긴장하고 사격준비를 하였다. 그러나 어듸서 어떻게하야 김렬사를 공격할

지 그 작전이야말로 또한 고양이목에 방울을 달러갈 취의 공론처럼 막연한

것이였다. 한참동안 서로의 얼골을 묵묵히 보고 있다가

『오꾸죠까라 시다오 무께데 우다세나사이 (옥상에서 아래로향하야 쏘게하

시요)』 이는 〃우마노 〃의 일대기지의 전술이었다. 〃후지모도 〃 는 그전술

이 좋다고 찬성하고 곧지휘하야 동대문서 형사대를 북쪽집웅우에 올라가

게하고 종로서 형사대를 동쪽집웅우에 올라가게하고 기타는 七十三번지와

七十六번지의 집중우에 올라가게 하였다. 그러나 선두에서서 올라가 솔선하

야 용약매진하는놈이 없다. 〃우마노 〃 의 생각에는 우에서 아래로 쏘는 것

이 대단 쉴것같쉴 것 하지만 정작 기와짱우에서 하는동작이란 우둔하기가

짝이없는것이었고 그보다도 김렬사가 무서워서 그들은 각가히갈 용기가 나

지않었든것이었다.

『우다나이까 (쏘지않겠느냐)』 〃후지모도 〃 는 문밖에서 답답한듯이 고함을

237

첫다. 그제야 형사대는 기와짱 몇골을 지나 전진하였다. 『하야꾸 우데(빨리

쏘라)』

김렬사는 형사대들이 집웅우로 올라와서 자기를 공격하려는 것을 알자

양손에 권총을 들고 집웅우에 머리가 솟기만하면 쏠작정으로 동쪽 북쪽의

집웅을 흘긋흘긋보며 동시에 앞뒤집 집웅 七十三 七十六번지의 옥상을 삶

이었다.

이윽고 북쪽집웅기와짱우에 한놈의머리가 소삿다. 「에잇」 김렬사의 왼팔은

번개처럼 바른편으로부터 우우로돌며 『팡 팡』 일격을 쏘왔다. 「앗~」 김

렬사의 돌리는 팔동작과 거의동시에 북쪽지붕우에 한놈이마저 뒷집 七十三번

지로 굴러떠러젓다. 이와거의동시각에 동쪽지붕우에도 한놈이 솟자 김렬사의

바른팔 이번에는 외로부터 우우로돌며 『팡 팡』 터저나가니 「악~」 하고 떠러

지는데 이놈은 바로 七十二번지 김렬사가 있는 마당으로 나무등천처럼 덜컥 떠

러젓다.

이렇게 두놈이 떠러지고나니 집웅에 올라왔든 형사놈들 집웅뒤에가 딱업듸어 숨도 쉬지못하였다. 〃우마노〃 등은 기세를 올리기위하야 문진에서 공중에대고 격려사격을 하게하였으나 번뜻하는동안에 두형사가 희생되며 그와 동시에 옥상공격이 뚝 끄너저버림을 목도하자 『에이 구소(에이 망할)』하며 이를 악물고 분개하며 다른 무슨방법이 없느냐고 부하를 돌아보며 딴전략을 청하였다.

『도꼬데모 가마와스 우찌마쇼(아모데나 닥치는데로 쏩시다)』 이것은 성급한 〃후지모도〃의 무세도공격작전이었다.

『이야 七十四반찌노 이다베이오 도호시테 우시로까라 우찌마쇼(아냐 七十四번지의 관장답을 통하야 배후로부터 쏩시다)』 옆에있는 기형사의 작전이었다.

『요시 데와 젠고까라 우도 마에노 도비라와 다다끼 고와시데 소꼬까라 우태(응 그러면 전후에서 쏘자 앞대문은 두들겨부시고 거기서 쏘아라)』

239

우마노는 악쓰듯이 호령하였다.

『긴소ー교꾸 잇삐끼니 곤나니 마욧데 도ー스루까 (김상옥하나에 이렇게 쩔쩔매서야 어떻게하니)』 하며 분개하였다.

그리하야 이번에는 七十四번지의 즉 七十二번지집의 뒷집에서 판장벽에다 대고 또 한형사대는 대문을 열것도없이 메로 두들겨부셔 거기를 통하야 권총사격이 아니고 삼팔식 장총으로 쏘기시작하였다.

「붕~붕~」「탕탕 탕탕탕」 장총소리가 새벽공기를 함부로 흔들었다. 어디가 맞는지 누가맞는지 아랑곳이 아닌 이야말로 란사란발 (亂射亂發) 이었다. 마당 안팍에는 연기가 자욱하여지고 함부로 쏘는 총알은 장독이니 항아리니하는 이집살림을 쉴새없이 깨트리며 벽이니 유리창이니 기둥이니 할것없이 아무데나 함부로 마저 위험하기 짝이없다. 그리하야 이유탄이 만든 제일 첫비극은 이집로인 이진옥 (李鎭玉 = 六十一才) 이 있는 방벽을 뚫고와 이진옥로인의 하복부에가 마저 죄없는 로인을 먼저 기절케 한것이

240

였다.

　김렬사도 이유탄을 피하는것은 좀곤난하였다. 뒤판자벽과 앞대문에서 쏘

는 유탄이 직선으로 달치않은곳에 자세를 낮게하고 전세를 관망하며 이따금

심하게 한구멍에서 탄자가 날라 오는곳을 향하야 응전하였다. 이편의 사격이

줄어드니 형세가 약하여진줄 알었든지 형사대측에서는 일시에 앞문을차고

五·六 명이 드러오고 뒤판장벽으로도 三·四 명이 돌입하야 동시 협격(挾

擊) 을 하야왔다. 김렬사는 「올치 기달렷다」 하는듯이 뛰여나와 먼저 앞대

문으로 드러오는놈들게 향하야 바른손을 휘둘러 〃 탕 탕 탕 탕탕탕 〃 꼬니

선두에선 두놈이 비명을 질르고 쓰러저 상처를 붓들고 전후좌우로 뒹굴었다.

그뒤에 따르는놈들 혼비백산 대문으로 도로 뛰여나가버렸다. 김렬사 이번에

는 후면에서 드러오는놈들에게 왼손을 휘둘러 쏘니 또한놈 「악ー」 소리를

질르고 궁군다. 남어지 두놈들 열김에 궁굴며 뛰여나가버렸다.

　김상옥! 김상옥…… 왜인경관들게는 과연 무서운 존재였다. 이렇게 잘쏘는

241

총과 이렇게 날랜 김상옥을 과연 어떻게 잡아야할가? 그들은 첩첩산중(疊疊山中) 갈수도없고 올수도없는 미로(迷路)에 서서 나아가 잡을수도없고 물러가 도망할수도없는 형편이었다. 「일모도원(日暮途遠) 한데 이를 어이하랴」하는 심히 난처한지경에 빠지고 말었다.

우마노는 진퇴양난 막다른 골목에서 발악하는 데카단의 심정이되여 그는 「에이쿠소 나루요ー니 나레(에잇 답답해 되는대로 되라) 메꾸라멧뽀우데(닥치는대로쏘라)」 하고 다시 막우쏘라는 일제사격명령을 내렷다. 탄환 안간곳이 없도록 가루세루 닥치는대로 쏘라는 명령이였다. 「붕ー붕ー」 「탕 탕」 「붕ー붕」 다시 서울의 새벽공기를 뒤흔들고 락산 삼각산을 찡찡 울리기 시작하였다. 그들의 심경대로 하랴면 이집에 불이라도 지르고 싶엇지만 참아 그러지는못하고 거저 앵기는대로 닥치는대로 쏘와 쑥밭을 만들 작정이었다.

김렬사는 먼저보다도 몸둘 위치가 더욱 곤란해젓다. 몸을 어듸다 의지하

242

고 유탄(流彈)을 피할곳을 찾지않을수없었다. 언듯 김렬사의 눈에 띄인곳이 저칸구석에있는 변소간이었다. 김렬사는 날새게 변소간으로 뛰어드러가 허리에찬 탄환을 뽑아 두권총에 나누어 재였다. 이곳은 움축 드러가있어 대문이나 七十四번지켠에서 쏘는 직선탄자는 닷지않었다. 김렬사는 일체 사격을 중지하고 변소간 틈구멍으로 전세를 볼수있었다. 벌서 탄환지닌것도 많지않어 함부로 쏠수가 없엇다. 되도록 탄환을 앗기여 유효하게 쏠작정이었다.

왜인경관들은 한참동안 란사를 계속하드니 이켠이 잠잠해짐을 알고 이번에는 배후의 원조사격아래 먼저 올라왔든 집웅을 위시하여 사방집웅우에 소사오르고 동시에 앞문 뒷문에서 총공격의 형태를 취하고 나타낫다.

『흥 너이놈들이 마지막 몸부림을 치는구나』 하고 김렬사는 먼저보다도 더날새게 뛰어나가 집웅처마밑으로 몸을 감추며 앞문 뒷문의 형사들을 상대로 양손에 들고있든 권총을 자유자재로 돌려 우박처럼 탄환을 퍼부으니

243

앞에서부터 하나 둘 셋 넷 열다라 고꾸러젓다. 앞이 문어지니 뒤에선 순경대로 모레성처럼 와르르한다.

김렬사 이번에는 집웅우에 선놈들을 향하여 연거퍼 양손사격을 퍼붓는다.

그는 비호처럼 혹은 번개처럼 七十二번지의 내정을 날려다니며 사격사격을 계속하는데 그사격술이나 동작의 민첩함은 무슨 인간의 능력을 초월한 신의 소행같하였다. 탄환이 튀어나가는양 (量) 도 오히려 적을 능가할 정도로 쏘왔든것이다. 그는 이렇게 한참동안 싸와 적을 완전히 침묵식힌다음 다시 변소간으로 드러가 총을 열고닫어 빈탄환겁질을 **빼**여버렸다.

【 깨끗한 죽엄 】 김렬사는 양손의 총을 번갈아 열고닫아 빈껍질을 **빼**버리고 자세를 박구려고 발을 옴기랴할때 왼일인지 바른편발을 뗄수가없었다. 『이게 웬일인가?』 하고 허리를 굽혀 삶여보니 바른편발 넙적다리를 마젓나부다 바지에는 충구멍이 뚜러젓고 선혈은 보선목까지 흘러 **뻘겋게** 젓어있다. 이 명중탄 (命中彈) 은 어듸서 마젓는지 김렬사 자신도 전혀 몰랐든것

244

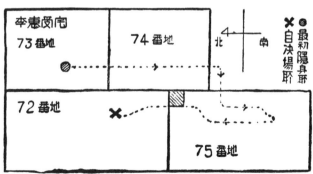

이다. 김렬사는 다시 한번 발을 옴겨 보려 하였으나 역시 뗄수가 없었다.

그러면 탄환은? 하고 허리에 맨 탄환을 찾어보니 단세발이 남었을뿐이었다. 김렬사는 입을 꼭 다물고 길게 숨을 내쉬었다. 억울하기도하고 분하기도하고 쓸쓸하기도 한 복잡한 심경이었다. 그는 자기의 운명이 머지않었음을 새삼스러히 늦기었다.

「아… 나의 운명도 다 되엇군 내원수도 다 갚지못하고 우리민족의 원한을 풀지못하고…」 김렬사의 눈에는 눈물이 소삿다. 엄숙한 순간이었다. 이승과 저승의 교차점에서 한생을 회고청산하는 엄숙한 순간이었다.

「수유인생 하고많은 소업을 다할수야없지만 너머나 짤막한 그리고 허무한 한생이 아닌가! 조국재건에 밧친 적은 물결만도못한 자기의 노력! 이것이 과연 얼마나한 민족혼의 점화이었으며 조국에의 파동(波動)이 되었을지…」

김렬사는 눈을 감었다. 죽엄보다도 고요한 정적의 영자막에 그의 생애가

펀듯펀듯 스크린처럼 통과하였다。 三十四년의 한생에 〃 불우한 소년시대 고

달푸게 짓발핀 청년시대 왜놈의 학정에 맛서고이러선 장년시대 그리고 혁명

사업에서 겪은 왼갓 파란곡절…… 〃 실로 짧은 인생이다。 구원이 전하여갈

조국해방시의 한사슬이되기에는 너머나 짧고 히미한 생애였다。 그러나 이것

도 불운한 과도기에 부여된 한루사로서의 존재일수있으며 조국해방의 터전

이 깔리고 한쪼각의 주추돌이 될수있다면 그로써 족하며 그보다더한 광영이

없을것이라고 김렬사는 스스로 위로하였다。

그리고 인간의 힘에는 한게가 있는것이다。 그 한계를 넘어 행동한다는것

은 기적이나 신화(神話)에 맛길것이요。 그한계안에서 자기가 할수있는 최

선을 다한다는것은 사람의 도리를 다하는것이요 나아가서는 생에 승리하는것

이다。 내가 놓여진 현재의 위치에서 최선을 다하며 나를 더럽히지않고 나를

꿉히지않는다면…… 김렬사는 특이 〃 나를 더럽히지않고 꿉히지않는다면 〃 을

강조하여 생각하였다…… 죽어도 뉘우침이 없고 한이될것이 없는것이라 하

였다.

여기까지 생각하여온 김렬사는 더 망서리지않었었다. 얼골에는 아련한 미소까지 띠웠다. 왼손에 든 총은 자기 가슴을 겨누어대고 바른손총은 그대로 적을 향하여 든 채 잠시 부모형제와 동지일동에 묵념을 올린다음 왼손권총 방어쇠를 왈칵 잡어다녔다. 「쾅……」 상대의 적이없는대 울리는 한방의 총성 이총성이야말로 한많은 생애를 피로써 엮은 김상옥렬사가 마지막 이승을 떠나는 신호이며 동지에 아름다운 희생으로써 길이 영생에 울리는 종소리였든것이다. 하고많은 인생의 죽엄중에도 아름다운 죽엄이요 고요한 죽엄이요 깨끗하고 뜻있는 죽엄이었다.

한편 세차례의 공격에 완전히 격퇴당하고만 형사대측 간부들 「우마노」

「후지모도」 등의 불안은 대단하였다. 속수무책 만사불통의 궁경에 빠지이

제남은것은 전투에서서 죽엄을 진행하는 최후의 경사공격이 있을뿐이었다.

후지모도 〃는 비장한 각오를 하였음인지 창백한 얼골에 구더진 표정으로

「우마노부죠 와다시가 유끼마스 아도와 스베대오 다노미마쯔 (〃우마노

부장 내가 나가겠오 뒷일은 모다 부탁합니다)」

그는 五六명 결사대원을 뽑아 배후에서 원호사격을 식히고 대문을 박차고 드러가 김렬사가 들었다는 변소간을 향하여 자기가 먼저 『탕탕탕』 하고 쏘기시작하였다. 정면으로 맛대고보니 떠러진 변소문간안에 든사나히 분명코 총을들고 자기네편을 노리고있는것이었다. 『후지모도 』 는 겁이 벌컥낫다.

「민나 우데(다들 쏘와라)」 하고 자기는 슬적 한편구석으로 피하여 사태를보니 부하형사들 한놈도 쏘는놈이 없다. 『후지모도 』 더욱 기가질려 손발이 오구라지는데 웬일인지 변소간에든 김렬사 뛰여나와 대전을 하지않을뿐 아니라 총을 쏘지도 않는다.

「웬일일가?」 이상하기는하나 『후지모도 』 나갈용기가 없다. 이미 목숨을거둔 김렬사의 시체를보고 공포에 사로잡혀 대전하지못하는 왜인형사들의 이정경이야말고 죽은 공명(孔明) 이 산 중달을(仲達) 쫓는셈이었다.

한참동안 그대로 침묵이 흘러가건만 김렬사는 여전 아모대응이 없다.

『후지모도』는 다시나와 보고 이상하다고 생각하면서 「혹시 죽었나?」하고 주의하여 변소간을 보았다. 아직도 김렬사는 총을들고섯다. 김렬사는 자결한지 이미 오래건만 이상하게도 권총 방아쇠에 걸인 손가락만 여전히 움지기였다. 그는 다시 머리끗이 쭈빗하였으나 이때에 부하형사들도 모조리 이상한듯이 머리를 처들고 보고있음으로 용기를 얻어

「우데 안신시데 우데 (쏘라 안심하고 쏘라)」고 명령하였다. 그제야 모다 변소간을 향하야 쏘았다. 그래도 김렬사는 아무대구가없다. 형사들은 그제야 김렬사가 죽었든지 혹은 실신하였든지 한것이라고 판단하였다. 그러나 섯뿔리 각가히 갈수는 없었다. 『후지모도』는 만일의 경계를 위하여 또한 번 쏘라고하고 일제사격을 식힌다음 비로소 김렬사가 죽은줄알고 변소문간으로 갓가히 와보고 부하를시켜 시체를 마당으로 끄러내도록 하였다. 김렬사 이미 자결 (自決) 하였으면서도 그대로 서있든것은 변소뒤벽에 기대고자결하였음으로 벽이 그대로 등바침이되었든까닭이다.

때는 오전 일곱시반 김렬사와 격전을 시작한지 세시간만이었다. 날은 궂어

진눈까비 찬비가 뿌리었다. 김렬사의 주검을 조상이나 하는듯 눈물처럼 슾

으게 뿌리었다. 이광경을 보도한 당시의 모신문에는 다음과같이 에끗는듯

한 기사를 게재하였었다.

" 때아닌 궂은비와 사정없는 총알이 음울한 새벽공기를 휘적시든 혈장의

광경은 미친바람이 지나간 가을의 풀밭같이 거칠고 성가시기 한량이 없다.

두다리목에서 고등공업학교 (高等工業學校)로 드러가는 질벅질벅한 길에는

난데없는 사람의 떼가 뒤를이어 오고가고하며 길목길목마다 구석구석에 모

여선 사람들의 눈에는 놀램과 불안의 무거운 구룸이 어린듯하였다.

높낮은 숨소리로 이런말 저런말 물으러가는 신문기자들이 떠드는소리와

살기등등한 피방울같은 눈을 좌우로 돌리며 앞뒤로 왔다갔다하는 경관들

의 모양만하여도 현장의 무서운 활극을 알리게한다. 검붉은피가 온몸에

흐른 범인의 유해를 땅바닥에 누여놓고 몸을씻는 비절참절한 광경에는 간

담이 서늘하여 보는자로하여금 스사로 눈을 감게한다. 이집으로부터 저집에 앞집으로부터 뒷집에 범같이 뛰고 새같이 날든 당시의 광경을 소래없이 말하는 담벼락 널반지의 문어지고 깨트러진 모양은 마치 육탄살육전(肉彈殺戮戰)을 끝마친 전쟁터전과같이 처참하고 음산할뿐이었다.

이리하여 김렬사의 거룩한 생애는 끝을 마치고 그가 조국해방의 제단앞에 흘리고간 존귀한 히생의피는 이땅 해방사(解放史)에 길이빛나 자손만대 이나라의 아들딸에 조국애의 혼을 일깨워주는 경종이된것이다.

二四 그후의 소식

◆ 김렬사의장례식＝二十二일 오전열시경 김렬사의 시체는 대학병원으로 옴겨와 검찰청 검사들의 입검이 있었고 임검이 끝난후 붕대로 쌓서 본가의 가족들에게 넘기었다. 그의시체에 열한곳의 탄흔(彈痕)이 있음을 발견하였음은 이때였다. 물론 그탄흔은 대부분이 김렬사가 자결한후 쏜것이었다. 김

253

렬사의 유가족들은 이시체를 본가로 옴겨와 五일만에 간소한 예식을 마치고 청향리밖이문안 공동묘지로 다와 교인 신씨의 기도아래 하관하였든것이었다。이때 낮모를 한청년이 나타나 단장의 슬픔을 애끗듯이 노래불러 김렬사의 유가족들과 친척들의 슬픔을 더하게하였다。김렬사의 장례식은 이렇게 지극히 간소하고 애닯으게 끝마치었다。

◆ 김렬사 가족들의 석방 = 삼판통싸움당일에 검속되여간 김렬사의 가족들은 왼갓 학형을 다받다가 그어머니 안해 형수 누이등은 나흘만에 석방되었고 고봉근은 卄九일만에 석방되여 삼판통 자기집에 도라가보니 뜰에 풀이 우거진 고옥이되었는데 다락에든 현금 三만원을 비롯하여 살림사리란 아무것도 남은것이 없었다。

◆ 김렬사 동지들의 후문 = 三월 十四일 경성지방검사국 발표에 의하면 효제동쌍윰에 관련되여 기소된것이 七여명이었다。즉 리혜수 (李惠受) 전우진 (全宇鎭) 김환 (金渙) 윤익중 (尹益重) 정설교 (鄭髙敎) 서병두 (徐丙斗) 신화

254

수 (申華秀) 인데 그후 판결로 리혜수 전우진 김한은 三년언도를 받었고 윤익

중과 정설교 서병두는 각각 이년을 받었고 신화수는 二년 집행유예의 형을

받엇다. 그중 리혜수는 종로서에서 " 미와 " " 요시노 " 등에게서 받은 악

형으로 말미아마 바른다리를 못쓰게되여 그후 一년동안 보식치료를 받다가

一년후 다시 서대문형무서에 가서 체형을 받었었다.

이외에 암살단 사건으로 드러가 나오지못하고 복역중이든 김동순은 서울

형무소에서 청진형무소로 이감이 되었었는데 거기서 유명한 청진파옥사건

을 이르켜 다시 무기체형을 받게되었고 한훈은 감옥에드러가 일체의 고문심

문에 항복하지않고 그외에 딴사건이 일켜 물경 七十회공판 二十五년의 언도

라는 미증유의 판결언도를 받어 복역중이드니 이두동지는 서력 一九四五년

八一五 조국의 해방을 마저 비로서 옥에서 나오게되었다.

◆ 김렬사의 유가족 = 김렬사의 유가족에대한 사회일반이 동정은 많어 그

의 장자 태용 (泰用) 군은 동아일보사에서 불러 사무원으로 채용하는일방 동사

255

에서 학교에단이도록 하여주었으나 불행이도 후에 병사하였고 그의부인은 홀로 쓸쓸히 남편을 추모하며 동대문병원에서 卄여년을 근무하여 오늘에 이른것이다. 이외에 종질들은 모다 숙부의 유훈을 추앙하며 조국의 완전독립을 위하여 분투중에 있다.

(단기 四二八一년 十一월헐재)

追悼文

李 始 榮

維 大韓民國 二十八年十二月二十七日에 病臥한 同志 李始榮은 次男圭鴻으로 하

여금 一炷香을가지고 敬虔히 두어마듸말슴을 故 金相玉烈士 前에 靈前에告하

니다。 烈士는 天挺의 神武不測한金剛 結晶이라 東西古今에 倫比없는 거룩하시

고 獨特無貳한 上品의한분이심으로 飛虎將軍의 稱號를받으시며 死刑宣告를 받으신

後에도 鐵筒같을 賊網을突破하고 飄然히 上海에건너오시와 明德里邸舍에 數年

間 同居하시면서 惡濁社會의 僞君子들을 肅精코져하셨으나 몇몇同志의 苟且

彌縫으로 換止되어 壯志를 未就하매 岌業한 政府를 扶植코져 다시火炎虎窟인 故

國에 潛入하야 遠近同志를糾合하고 多少金錢을 調達하시다가 赤脚으로 敵偵의 探悉로 南

門外에서 被捉될때에 隻身으로 多數倭警을殺退식히고 赤脚으로 雪徑裡 數三十里

를 往返하면서 敵의 耳目을 隱蔽하시다가 마츰내 孝悌洞斗屋에서 潛處함이 發

露되여 二白一夜사이에 全京城警官의 總出動과 騎馬隊까지 抱圍射擊하였으나

烈士는 拳砲로써 應手射擊하다가 最後一彈으로 自決하샤 千古遺恨을 먹음고 最終

을마츠시니 數千敵警은 敢히 가까히못하고 亭死移時에 비로소 烈士의 殉國하

신자리에 臨하야 致敬盡禮하였고 그 忠膽義烈로하여곰 世界에 震動케하였읍니다.

嗚呼라 杭州旅舍에 藏置하엿던 그해十二月一日付인 最後事信과 遺像도 戰爭時

敵輩의 押收로되고말엿읍니다. 近數十年來에 敵我間의 奸惡輩 肅淸코저할때마

다 熱淚로써 追慕하는 情緖는말할수없었으며 더욱 三十六年만에 故國에歸還하

야 遺族의如焚 如溺하는이모양을보고 救濟치못하고 姦惡賊徒를 除懲못하야 後

死의責을 一半分못하는 이사람의 悲痛한 情懷를 敢히 다吐치못하오나 오즉

烈士의 精靈은 感灪하시기비나이다

檀紀四二八二年　一月　十五日　印刷
檀紀四二八二年　一月　十五日　發行

【臨時定價三五○圓】

不許複製

金相玉烈士記念事業協會印

서울市乙支路三○八 (愛國莊)
電話本局②二七四八番

編輯兼
發行者　金相玉烈士記念事業協會

서울市中區乙支路二街一九九
印刷所　永一印刷社

서울市西大門區巡和洞六
發行所　金相玉烈士記念事業協會
(連絡事務所)

金相玉烈士의 抗日鬪爭 實記

초판 1쇄 인쇄   2023년 12월 15일
초판 1쇄 발행   2023년 12월 22일

기   획   (사)조소앙선생기념사업회, 삼균학회

펴   냄   윤관백
펴낸곳   선인
등   록   제5-77호(1998.11.4)
주   소   서울시 양천구 남부순환로 48길 1(신월동 163-1) 1층
전   화   02)718-6252/6257 | 팩 스   02)718-6253
E-mail   suninbook@naver.com

정   가   18,000원
ISBN   979-11-6068-854-2 03900